BIBLIOTHÈQUE CONTEMPORAINE

CHARLES MONSELET

LA FIN DE L'ORGIE

PARIS
MICHEL LÉVY FRÈRES, LIBRAIRES ÉDITEURS
RUE VIVIENNE, 2 BIS, ET BOULEVARD DES ITALIENS, 15
A LA LIBRAIRIE NOUVELLE
1866

LA FIN DE L'ORGIE

CHEZ LES MÊMES ÉDITEURS

OUVRAGES

DE

CHARLES MONSELET

Format grand in-18.

Les Années de gaieté........................ 1 vol.
L'argent maudit, 2e édition................. 1 —
Les Femmes qui font des scènes.............. 1 —
La Franc-maçonnerie des femmes.............. 1 —
François Soleil............................. 1 —
La Fin de l'orgie........................... 1 —
Les Galanteries du XVIIIe siècle............ 1 —
M. de Cupidon............................... 1 —
M. le Duc s'amuse........................... 1 —
Les Originaux du siècle dernier............. 1 —

LA

FIN DE L'ORGIE

PAR

CHARLES MONSELET

PARIS

MICHEL LÉVY FRÈRES, LIBRAIRES ÉDITEURS

RUE VIVIENNE, 2 BIS, ET BOULEVARD DES ITALIENS, 15

A LA LIBRAIRIE NOUVELLE

1866

LA

FIN DE L'ORGIE

I

Des flammes... des cris... des ombres fuyant vers les arbres... tout un côté de Versailles qui flamboie, incendié!...

Le duc s'amuse!

La fête allait trop lentement à son gré.

Ce que voyant, il avait pris une torche et il avait mis le feu à sa fête!

Le feu partout!

Le feu aux arbres qui s'embrasaient comme des robes, le feu à la maison qui grondait sourdement à la façon des chats lorsqu'ils ronronnent!

Il avait appelé à son aide le feu qui vient si vite et qui s'en va si tardivement! son bon ami le feu, qui brille, qui chante, qui s'étale, qui se fait jaune, vert, blanc, de toutes les couleurs! le feu, cette joie et cette épouvante!

Et à la fin, il se sentait renaître, le duc de Noyal-Treffléan, en face de cet effroi et de ce tumulte.

Ah!...

Il respirait, au moins!

Il était lui, il se reconnaissait...

La fête allait trop lentement. C'était pourtant une de ces belles fêtes nocturnes qui sont la traduction vivante des poëmes les plus merveilleux. Ces poëmes, empruntés à toutes les nations, le duc de Noyal-Treffléan les faisait mettre magnifiquement en scène. Il ne reculait devant aucune imagination, si follement inspirée qu'elle fût, ni devant les fantaisies du *Royaume de satin* de Rabelais, ni devant les impossibilités de *Gulliver*, ni devant qui, ni devant quoi que ce soit. Il affrontait tous les poètes et toutes les poésies.

Mais baste! toujours des lustres et toujours des violons! C'était fatigant à la longue, le duc l'avait compris et senti, et il avait mis le feu à sa fête, comme il aurait mis le feu à un bol de punch!

Les rondes s'étaient interrompues précipitamment, comme des guirlandes coupées par des ciseaux qu'on ne voit pas. Les joueurs d'instrument s'étaient arrêtés, et un moment ensuite, tout le monde se sauvait, la peur aux talons. Un réseau flamboyant s'était élevé de terre et les environnait de toutes parts. C'était l'incendie qui marchait et les pourchassait, l'incendie aux bottes de sept lieues.

Le parc riait, tout rouge!

Il y avait de longues allées écarlates, dont les feuilles grésillaient, se tordaient et s'abattaient sur un sol plus clair que le clair midi.

Un paysage de braise!

Quelquefois le vent s'en mêlait aussi et organisait une chasse qui ne finissait pas. Le vent dans le feu, c'est chose terrible. C'est l'éperon dans les flancs d'un cheval d'Ukraine. Le vent, c'est la cantharide du feu.

Dans les taillis, entre les arbres frêles et vivement éclairés, c'étaient des pieds, des jambes qui se succédaient sans interruption sur un gazon chaud et grillé...

Des femmes vêtues de rien, des danseuses de ballets, des nymphes chaussées de soie, des bergères de comédie italienne, de pauvres filles échevelées, descendues à grande hâte de leurs piédestaux, fuyaient, la jupe attrapée par l'incendie, cothurnes dénoués, fleurs éparses, colliers perdus. De grands jets de flamme éclairaient soudainement de grands yeux effarés. Les étincelles pleuvaient, tournoyaient, s'envolaient; elles s'épanouissaient, ces fleurs de la désolation, pour retomber en cendre dans les espaces noirs.

L'incendie allait son train!

L'incendie avait sa coquetterie. Quand il passait sur les étangs, il s'y attardait; on aurait juré qu'il y faisait sa toilette et qu'il peignait sa chevelure rougeâtre au peigne de roseaux qui bordait le rivage.

Crac... crac... crac... C'étaient des contrevents qui se détachaient, qui se fendaient et qui tombaient par terre. Il y avait un brasier de débris formé autour de l'hôtel. Les vitres éclataient, et le feu, — le feu qui a si grand'faim, — mangeait les rideaux, dévorait les meubles, ne faisait qu'une bouchée des tableaux. Avant d'entamer les grosses pièces, telles que les lits et les armoires, il se contentait de les roussir légèrement, puis il courait au plus pressé, semblable au bouffon Scaramouche qui crachait dans les plats, afin d'être assuré de les manger seul.

Indescriptible était la confusion. On ne pouvait porter de secours en aucun lieu, tout était embrasé à la fois. Hommes et femmes ne s'occupaient que de chercher un abri et laissaient brûler les choses.

Ah! cela brûlait bien!...

Cela petillait, cela lançait de grosses bouffées qui tourbillonnaient comme des trombes et se déchaînaient comme des ouragans.

Les oiseaux tombaient effrayés.

Les fleurs, dont une chaleur immense accélérait l'éclosion, s'ouvraient toutes larges, naissaient et mouraient aussitôt.

Puis tout à coup il se faisait de grands intervalles d'ombre, et tout à coup aussi de grands réveils de lumière. On croyait tout fini, et tout recommençait!

Tout recommençait avec plus d'acharnement, avec plus de colère.

L'incendie avait repris haleine et il étendait ses bras pour envelopper sa proie d'une seule étreinte.

L'incendie n'avait plus grand'chose à faire dans le

parc; d'ailleurs c'était viande creuse pour lui, jeu de petits garçons, flambe de Saint-Jean. Ces pauvres arbres se laissaient brûler avec une facilité et une résignation sans bornes, en gens qui s'y attendent. Peut-être même se croyaient-ils dans une cheminée. Il n'y avait pas de plaisirs pour l'incendie.

Il se rejeta donc sur l'hôtel qui était dur et qui était fort, qui offrait de la résistance et ne paraissait pas disposé à faire bon marché de ses quatre murailles. C'était quelque chose, au moins. Il fallait le mâcher sérieusement avant de l'avaler. Ce fut sur lui que l'incendie concentra ses forces en l'attaquant comme un digne adversaire.

Le duel fut rude.

C'était un vieil hôtel bardé de fer comme un vieux baron. Il avait déjà plusieurs fois vu le feu, et il n'avait fait qu'en rire. Mais le feu, cette fois, n'y allait pas de main morte : il s'enlaçait, il se glissait, il prenait position partout. Tantôt il se jetait dans les œils-de-bœuf, et un instant après il en sortait comme un fou; il cherchait les joints des portes et se faufilait en aiguille de flamme par les trous des serrures. On aurait cru qu'il était soufflé par un diable, — il était soufflé par le duc de Noyal-Treffléan.

Le duc de Noyal-Treffléan était heureux, il regardait, il admirait!

Peu s'en fallait qu'il n'applaudît.

C'était son hôtel qui brûlait. Quelle joie!

C'étaient ses vastes domaines qui se consumaient. Quel plaisir!

C'était une partie de sa richesse qui s'en allait en fumée. Quelle ivresse et quelle félicité!

Le duc de Noyal-Treffléan ne comptait pour rien les cris d'effroi, les imprécations, les agonies. Il avait son plan, d'ailleurs. Ce qui se passait n'était qu'un épisode du drame qu'il avait conçu.

Ses yeux étaient fixés constamment, au milieu du vacarme, sur un point de l'hôtel. L'attente se lisait dans sa physionomie, et on le voyait de temps en temps frapper du pied.

Et tout à coup, parmi les voix qui s'élevaient autour de ce désastre, il y en eut plusieurs qui s'écrièrent :

— Mon Dieu! mon Dieu! mademoiselle est dans la maison!

Ce n'était que trop vrai, et voici comment s'étaient passées les choses.

Trois-Mai assistait avec son père, du haut d'un balcon, aux danses qui s'étendaient dans le parc. Il était neuf heures du soir. Dans ces allées bruyantes, remplies d'une foule bariolée, dans ces bosquets semblables à des nids d'ariettes, dans ce paysage illuminé comme un casino d'Italie, son regard cherchait à découvrir Émile.

Émile avait disparu.

Le duc essayait vainement de la distraire de cette absence par sa conversation aimable et brillantée de traits d'esprit. Jamais il n'avait eu tant d'enjouement.

Vers neuf heures et demie, il descendit pour donner quelques ordres, et il laissa sa fille seule. Cinq minutes après le feu éclatait...

Il éclatait à tous les bouts du parc.

Il éclatait aux quatre coins de l'hôtel.

Trois-Mai, effrayée, descendit sans perdre de

temps ; mais, à sa grande terreur, elle trouva toutes les portes fermées, et non-seulement toutes les portes, mais encore toutes les fenêtres, toutes les issues. Elle appela, la maison était déserte. Alors elle remonta éperdue, s'appuyant aux rampes. La fumée commençait à venir à elle, et les flammes du dehors se réflétaient énergiquement sur ce qui l'entourait...

Elle parcourut successivement tous les appartements de l'hôtel, en poussant des cris qui se confondaient dans le tumulte général. Le feu montait derrière elle, la suivait ou lui barrait le passage !

Bientôt Trois-Mai n'eut plus d'autre refuge que le balcon.

Le balcon qui était en pierre et en fer.

Elle y revint, plus morte que vive, les cheveux flottants, et faisant entendre ce cri suprême :

— Au secours !... A moi !

Le feu, comme un acrobate qui danse sur la corde, se suspendait aux rosaces du balcon, passait, ondulait, s'y balançait. Poussé par le vent, il mordait quelquefois et emportait un pan de la robe de la jeune fille, ou bien, passant par-dessus elle, il lui jetait des vagues de flammes sur la tête. Ainsi tordue, et surgissant d'un cadre incandescent, elle ressemblait à quelqu'une de ces divinités élémentaires des mythologies du Nord.

Un grand cri de compassion s'échappa de la foule des assistants, lorsqu'on aperçut Trois-Mai dans cette position critique. Mais nul des serviteurs du duc ne pouvait ni n'osait lui porter secours. On ignorait la force de l'incendie à l'intérieur ; et, dans l'incertitude, quel homme, à moins que ce ne fût un amant ou un père, aurait eu l'audacieux courage de se hasarder dans cette fournaise?

L'amant était absent.

Le père, seul, restait.

— A moi !... à moi ! criait toujours Trois-Mai, les bras tendus.

Le duc de Noyal-Treffléan demeura une minute à contempler cette scène, et, lorsqu'il l'eut assez contemplée, il tira tranquillement une clef de sa poche et se dirigea vers l'hôtel. Son calme contrastait singulièrement avec l'agitation de tous ses serviteurs...

Il ouvrit la porte...

Une colonne noire et rouge le repoussa avec une violence telle qu'il faillit en être renversé.

Le duc la laissa passer, puis il entra.

Un mouvement d'admiration se fit dans la foule, qui attendit avec anxiété...

Trois-Mai était à bout de ses forces, elle ne luttait plus contre le feu et semblait prête à s'affaisser sur elle-même. Déjà une prière tremblait au bord de ses lèvres, lorsque le duc de Noyal-Treffléan parut sur le balcon.

Il était pâle comme la mort; ses vêtements à demi consumés laissaient deviner l'effrayant chemin qu'il lui avait fallu traverser.

En l'apercevant, alors qu'elle venait presque de dire adieu à la vie, Trois-Mai lança ce cri de joie :

— Ah! mon père!

Et elle se jeta dans ses bras...

Le duc de Noyal-Treffléan laissa voir sur sa figure un sourire de satisfaction et de triomphe!

Mais il ne perdit pas de temps,

Le plus difficile était maintenant à faire.

Il souleva sa fille comme on soulève une plume; et lui tournant la face contre sa poitrine pour la préserver des baisers de l'incendie, il l'emporta rapidement sous une voûte crépitante et disparut aux yeux des gens du jardin...

Il y eut un moment d'attente terrible.

On n'entendait plus que le bruit de l'incendie, qui allait en grandissant et qui cassait les poutres comme des baguettes.

Le duc ne reparaissait pas.

A travers les fenêtres vomissantes, impossible de rien voir. A entendre la tempête qui se faisait au dedans, on aurait pensé qu'il y avait grand bal de salamandres.

A la fin, un groupe étrange, traînant la flamme, apparut sur le seuil...

C'était le duc portant sa fille !...

Une immense clameur l'accueillit.

Il ne s'arrêta pas, il ne se reposa pas; son cher

fardeau entre les bras, il passa comme une flèche devant les spectateurs ébahis, et poursuivit sa course à travers le parc, droit devant lui, marchant sur les feuilles brûlantes, les yeux hagards, les jambes possédées, n'entendant rien et ne voyant rien!

Au fond du parc, épuisé, il tomba sur l'herbe.

Le feu était quasiment éteint dans le bois; il ne courait plus çà et là que quelques étincelles vagabondes sur un fond sombre, pareilles à celles qui courent sur un papier consumé.

La lune insouciante brillait avec cette pudicité que rièn n'altère.

Trois-Mai, revenue à elle, entrevit son père presque défaillant, son père qui venait de l'arracher à la mort, qui pour elle avait exposé ses jours! Elle n'écouta que la voix de la reconnaissance, et elle se précipita à son cou...

Le duc de Noyal-Trefflécan se redressa puissamment sous cette caresse, la première qui lui vint de sa fille, et il s'écria :

— Allons! cela vaut bien un château brûlé et quelques arpents de terre de moins! Une caresse de ma fille, je l'aurais payée encore mille fois plus cher ! Je sais donc enfin ce que c'est que la paternité ! J'ai vaincu la nature !

Effectivement, le duc de Noyal-Treffléan avait mis lui-même le feu à son hôtel, tout exprès pour pouvoir presser sa fille entre ses bras.

II

Le lendemain, c'était le 5 octobre.

Il y avait juste deux mois que la reine Marie-Antoinette avait rencontré Émile dans le bois de Satory.

On se rappelle l'impression fatale qu'avait produite sur elle la ressemblance de notre héros avec Jean-Jacques Rousseau.

— J'ai l'idée que cette ressemblance me portera encore malheur ! avait-elle murmuré.

Marie-Antoinette n'avait pas été trompée dans son pressentiment. Depuis cette rencontre, un jour ne s'était point passé sans qu'une douleur ne l'atteignît soit au front, soit au cœur, dans son orgueil de femme ou dans sa dignité de reine.

C'était le 5 octobre, au soir.

Le temps était *chargé*, comme on dit.

Il pleuvait.

Une nuée de femmes s'avançait sur Versailles...

Mais nuée véritable, remplie de poussière, de cris et de bonnets volants !

Elles bourdonnaient comme des guêpes dont on a renversé la ruche.

Il y en avait des milliers, jeunes et vieilles, hideuses et charmantes, parées ou en guenilles ; elles couvraient le sol et bouchaient l'horizon. Toutes étaient armées, toutes chantaient à tue-tête.

C'était extravagant !

Une jolie fille battait du tambour, ses deux baguettes étaient ornées de rubans.

Derrière elle, les escadrons coiffés de la Halle entonnaient le *Ça ira*.

Les unes étaient empilées sur des chariots ou dans des fiacres ; elles passaient leurs visages et leurs bras par les portières ; d'autres étaient assises sur des trains de canons...

Paris vomissait tout son peuple en jupes, ses

hordes de commères, de grisettes patriotiques, de Phrynés fangeuses, de marchandes de marée et d'actrices subalternes. Toutes celles qui devaient jouer un rôle dans la Révolution avaient choisi ce jour-là pour débuter.

D'abord Rose Lacombe, dans la fleur de ses vingt-deux ans, séduisante et imposante, la tête haute, le regard fier, une de celles qui savaient le mieux sourire et tuer. C'était une ex-tragédienne de province, alors tragédienne pour tout de bon à Paris. Elle avait un fusil pendu à son épaule et un poignard que sa main impatiente tourmentait.

A la tête d'une autre colonne, Pauline d'Aunez, aussi fougueuse peut-être et non moins belle, venait en chancelant, roulant des yeux noyés d'ivresse et s'appuyant sur une poissarde aux larges pieds.

La bouquetière Louison étalait, comme dans une fête, la grâce de ses dix-sept ans ; c'était Louison qui, la première, avait provoqué le voyage à Versailles.

A côté d'elle, une petite danseuse de corde de chez Nicolet avait revêtu sa robe de dentelles et de papier d'argent; elle escortait une pauvre femme dont l'amant avait été assassiné la veille, et qui, à demi délirante, portait au bout d'une perche un tambour de basque et un bonnet phrygien.

Aspasie Carlemigelli, plus connue sous le seul nom d'*Aspasie*, la même qui plus tard assomma Féraud à coups de galoches, soufflait sa rage à ses compagnes ; elle sortait de l'hospice des aliénés, où une folie d'amour l'avait fait enfermer deux ou trois ans.

Françoise Roulin, la présidente, donnait majestueusement le bras à Louise Bourgeois, mignonne ouvrière en sculpture.

Puis, c'étaient les femmes Tournay et Lavarenne, deux furies, qui se pourléchaient les lèvres en songeant au sang qu'elles allaient verser.

Reine Audu venait ensuite, Reine Audu, la célèbre fruitière, surnommée la reine des Halles, grande et forte beauté, les poings campés sur la hanche, la voix tonnante et la cocarde au bonnet, un bonnet à la Bastille, représentant une tour garnie de deux rangs de créneaux en dentelle noire.

Elle étaient là toutes, fourmillant avec un bruit d'enfer, se pressant, se heurtant, et battant l'air de leurs clameurs. Les unes criaient : « *Du pain! du pain!* « C'était le plus grand nombre. Les autres n'en voulaient qu'au roi ; elles voulaient voir le roi et la reine, et les ramener à Paris.

Quelques hommes s'étaient mêlés à leurs rangs. Parmi eux, on reconnaissait Maillard, un des embaucheurs de cette journée ; il marchait en avant d'un groupe de gorgones titubantes, recrutées dans les égouts du faubourg Saint-Marceau, et qui ne cessaient de hurler : « *Vive Maillard !* » sur tous les tons ; ce à quoi il répondait par cet autre cri : « *Vivent les Parisiennes !* » Maillard était en train de devenir un héros populaire.

Lentement, gravement, un individu marchait au milieu de la foule, une hache sur l'épaule. On eût dit, à son importance horrible, qu'il allait accomplir un sacerdoce. C'était le monstre connu sous le nom de *Jourdan Coupe-Tête*. Deux plaques blanches décoraient sa poitrine, insignes de l'ordre affreux d'une légion d'illuminés anglais qui l'avaient pris pour chef. Un bonnet de fourrure couvrait son front, ses bras étaient retroussés. Ancien exécuteur des hautes-œuvres dans le Maroc, il portait toujours sa barbe teinte de sang; et pour qu'elle ne fût pas décolorée par la pluie, il la tint longtemps à l'abri sous sa redingote, avant d'entrer à Versailles.

Cet individu, qui semble moins appartenir à l'histoire qu'à un conte d'ogres, avait commencé par arracher le cœur à Foulon et à Berthier; et l'on raconte que pour cet acte il manifesta publiquement l'intention de demander une médaille civique à l'Assemblée nationale. C'était un digne général pour de telles femmes, que ce bourreau-amateur, qui ressemblait moins à un homme qu'à une bête puante.

Elles le choyaient, elles l'entouraient.

— Jourdan! mon petit Jourdan! mon brave Coupe-Tête!

La cordonnière Simon se suspendait à son bras, et la jeune Ménié, qui tenait une boutique de mercerie dans la petite rue du Rempart, passait un doigt coquet sur sa hache toute fraîche aiguisée, en s'écriant :

— Dieu! comme c'est froid!

Mais le plus hideux spectacle c'était sans contredit celui que présentait une trôlée de trois ou quatre cents hommes, goujats enjuponnés, parmi lesquels on se montrait du doigt une figure méchante, grosse et basse, sur laquelle on collait un des plus célèbres noms de France, celui des d'Aiguillon, nom éteint, famille éteinte, et dont le dernier représentant mourut, dit-on, saltimbanque, sur le chemin de Naples...

Voilà les personnages qui faisaient irruption dans Versailles, la ville glorieuse! Voilà le monde aux pieds de boue qui entrait dans le pays de marbre, d'or et de verdure!

Le roi était à la chasse au bois de Meudon, avec le comte d'Estaing et M. de la Tour-du-Pin-Gouvernet.

Il ne restait que la reine.

Femme contre femmes!

La colonne des *dames citoyennes* s'avançait toujours. Elle arriva sur la place du château, devant la grille qui avait été fermée, et en dedans de laquelle se tenaient les gardes-du-corps à cheval, au nombre de huit cents. Bientôt cette place, une des plus immenses d'Europe, se couvrit de cotillons, cotillons rouges, cotillons bleus, cotillons verts, cotillons de toutes nuances et de toutes formes...

Les plus impatientes donzelles occupaient les avant-postes.

La jeune Pauline se déchirait les mains aux serrureries de la grille.

Madame Tison, du haut d'une charrette, apostrophait les officiers.

D'autres femmes, sous la conduite de Maillard, s'étaient jetées dans l'Assemblée nationale, avant que la séance fût levée.

— Du pain! hurlaient-elles, du pain!

C'étaient celles qui étaient ivres.

Elles se roulaient sur les bancs de la droite et de la gauche, pêle-mêle avec les élus de la nation, se montrant du doigt les membres du clergé et leur envoyant de sales épigrammes.

Quelques-unes se mirent à danser en rond, sans que l'on osât les faire sortir.

Debout sur une chaise, celle qui avait brigué l'honneur d'être surnommée la *Ninon du dix-huitième siècle*, l'effervescente Olympe de Gouges, essayait de haranguer le président. C'était une femme de lettres qui voulait à toute force être un homme d'État.

— Parle, député! tais-toi, député!

— A bas la calotte!

Maillard criait ces paroles historiques :

— Le peuple va mourir de faim ; il a le bras levé, craignez sa fureur!

Pendant que le temps se perdait en motions et en députations, la nuit s'avançait. La pluie avait redoublé, et il faisait un froid assez vif. Les femmes, se trouvant bien dans l'Assemblée, décidèrent qu'elles y passeraient la nuit. Des provisions furent apportées, le vin coula, et les refrains cyniques se succédèrent.

Tout engagement sérieux, tout combat avait été remis au lendemain.

Cette veille d'armes des femmes parisiennes offrait un spectacle inconnu jusqu'alors, et du plus pittoresque effet. Sur la place d'Armes, les plus effrontées s'était installées dans l'hôtel Dangeau et dans l'hôtel de Roquelaure. Elles fraternisaient avec les concierges et remplissaient les escaliers. De la paille étendue sur les pavés humides servait au plus grand nombre, qui s'abritaient sous des parapluies. On buvait de l'eau-de-vie pour se réchauffer

Les affamées faisaient de la cuisine. Elles dépeçaient des chevaux enlevés aux gardes-du-corps, et que l'on faisait *revenir* en les posant sur des charbons ardents. Des torches sillonnaient ce camp féminin. Puis, comme il faut toujours que la danse ait sa part dans l'histoire de France, un ménétrier s'installa sur une barrique vide et fit sauter nos commères jusqu'au matin.

Dansez! la reine Antoinette presse sur son sein tremblant son fils et sa fille; que vous importe? La reine Antoinette, derrière un rideau, contemple avec stupeur vos bacchanales patriotiques, cette orgie que l'on veut faire prendre pour une manifestation! Dansez, femmes et jeunes filles, vous surtout, jeunes filles qui serez un jour des mères, vous, l'espoir du pays. Dansez, Louison Chabry, Rose Lacombe, Aspasie, Pauline d'Aunez, enfants de dix-sept et de vingt ans!

Mais où donc est la première de vous toutes, la grande, la belle, où donc est la Théroigne de Méricourt? Sur la route, pendant ce voyage de sept heures on n'avait cessé de la voir à l'avant-garde. Son amazone était rouge, les plumes de son chapeau étaient rouges aussi. Elle criait et chantait plus fort que les autres; ses traits avaient une expression égarée.

A Versailles, elle s'était répandue avec un gros de femmes dans les rues adjacentes au château, dans la rue de la Chancellerie, dans la rue de la Surintendance, dans la rue de l'Orangerie, insultant aux trophées de pierre qui surmontaient les portes des hôtels, et, avec la crosse de son fusil, mutilant les écussons lorsqu'ils se trouvaient à sa portée. C'était alors que la haine de Théroigne de Méricourt contre les nobles se dévoilait entièrement.

— A toi, Bouillon! à toi, Créquy! disait-elle en frappant de son sabre les portes; où donc êtes-vous, M. de Coislin, et vous M. de la Feuillade... et toi, La Rochefoucauld?... N'est-ce pas M. de Montausier qui met la tête à la fenêtre?... Ohé!

Elle cassait les vitres...

Mais à travers son délire, Théroigne avait un but.

De rue en rue, elle arriva avec ses compagnes dans la rue des Vieux-Coches, et elle se trouva devant l'hôtel du duc de Noyal-Treffléan.

L'incendie de la veille avait laissé peu de traces sur

la façade de la rue; et la nuit qui commençait à s'épaissir n'aidait pas à les faire reconnaître.

Elle dit aux femmes :

— C'est là que demeure le plus infâme des aristocrates! Mort à l'aristocrate! mort au duc! Enfonçons la porte de son hôtel, et passons la nuit chez lui!

Cette proposition fut accueillie avec enthousiasme.

— Oui, oui, mort à l'aristocrate! mort au noble! hurlèrent-elles.

On eut facilement raison de la porte, qui céda au bout de quelques instants.

Une cinquantaine de femmes firent irruption dans les appartements, en poussant de folles clameurs. On imagine quel dut être leur désappointement...

L'obscurité était extrême, et la plus parfaite solitude régnait dans tout l'hôtel. On marchait sur des débris; souvent des chaises tombaient en cendres sous la main qui les touchait. Il y avait des crevasses au plancher, et les pieds s'embarrassaient dans des lambeaux de tapisserie.

Une secrète frayeur les gagna toutes.

Théroigne murmurait :

— La mort a passé par là... Qu'est-ce que cela veut dire?... Émile m'aurait-il vengée? Ah! oui, c'est cela...

Elle encourageait les femmes, mais celles-ci disaient :

— A quoi bon? Nous sommes dans une maison brûlée : il faut chercher un autre asile.

— Marchons, voyons encore!....

Et elle les guidait par les escaliers croulants, en répétant tout bas :

— Tout est consumé ; c'est bien! Émile a fait son œuvre...

— Théroigne, retournons sur nos pas, disait une bouchère de la rue Pierre-au-Lard.

— Tu vois bien que l'aristocrate a été rôti! ajoutait une blanchisseuse.

— Oui... murmurait-elle avec une joie sauvage, oui!...

Tout à coup elle s'approcha d'une fenêtre qui donnait sur le parc et elle promena ses regards au loin.

Mais alors elle poussa un cri.

Elle venait d'apercevoir la lumière d'un pavillon.

— Le feu n'a pas tout dévoré ! dit-elle sourdement.

Et, désignant à sa troupe ce petit point brillant entre les arbres, éloigné d'environ cinq cents pas, elle se mit en devoir d'y marcher.

Les cinquante furies passèrent par la fenêtre, silencieusement, n'osant pas abandonner Théroigne de Méricourt, dont elles subissaient l'ascendant. Leurs pieds ne rendaient aucun son sur l'herbe mouillée. L'attention qu'elles portaient à leurs moindres mouvements, l'inquiétude née des ténèbres, tout cela les avait empêchées de remarquer que depuis plusieurs instants elles étaient suivies par un personnage mystérieux.

— Approchons-nous ? demandaient-elles.

— Tout à l'heure, répondait la Théroigne, l'œil sur le pavillon.

On distinguait deux ombres qui se dessinaient sur les rideaux : une ombre d'homme et une ombre de femme.

Quelque chose qui remua au cœur de Théroigne

de Méricourt, lui dit que cette ombre d'homme était le duc de Noyal-Treffléan.

L'autre... peu lui importait!

— Émile aura manqué son coup, pensa-t-elle; à mon tour donc!

Elle arma son fusil, dont elle avait enveloppé la batterie pour la préserver de l'humidité.

Se tournant vers ses femmes, elle leur fit signe de la main qu'elles eussent à garder le silence.

L'homme suivait toujours.

Quand les femmes s'arrêtèrent, il ne s'arrêta pas, lui. Mais il tourna et se glissa le long du pavillon, qui était octogone.

Théroigne de Méricourt s'avançait, seule, le fusil à la main. Bientôt elle ne se vit plus qu'à deux pas de la fenêtre, qui était sise à hauteur humaine. Alors, réprimant son souffle, elle colla son regard à un des interstices du rideau :

— Lui! se dit-elle, c'est bien lui!

D'un bond elle fut debout sur l'appui de la fenêtre et, faisant voler une vitre en éclats :

— A moi, mes femmes! s'écria-t-elle.

III

Voici ce qui se passait à cette heure de la nuit dans le pavillon.

Ce pavillon, le seul qui eût échappé aux ravages du feu, était assez important et contenait plusieurs pièces.

Le duc de Noyal-Treffléan s'y était réfugié avec sa fille le soir de l'incendie, bien que M. de Mortemart et M. de Beauvilliers se fussent empressés de mettre leurs hôtels à sa disposition, et que le roi lui-même lui eût fait proposer deux appartements dans son château de Versailles.

Mais le duc avait remercié en prétextant son retour à Paris le lendemain.

Cependant, le lendemain soir, le duc de Noyal-Treffléan se trouvait encore à Versailles avec sa fille, et voici pour quelles raisons.

La première, c'est qu'il attendait M. Soleil ; la seconde, c'est que Trois-Mai n'étant pas tout à fait remise des émotions de la veille, peut-être y aurait-il eu danger pour elle à tenter ce voyage.

Il était donc en ce moment seul avec cette dernière.

Les quelques serviteurs qui lui restaient, il les avait envoyés s'informer par la ville des progrès de l'invasion, car il ne voulait pas quitter sa fille d'une minute.

Trois-Mai ne regardait plus son père avec effroi, l'action de la veille l'avait absous à ses yeux de tous ses torts antérieurs. Bien qu'elle ne pût, à son approche, se défendre d'un reste de timidité, elle lui répondait complaisamment et laissait reposer volontiers sa main dans la sienne.

— Après m'avoir sauvé la vie, pensait-elle, il est impossible qu'il me veuille du mal...

Une seule idée revenait incessamment troubler la sérénité de cette physionomie gracieuse. Qu'était devenu Émile? Pourquoi ne l'avait-elle pas vu pendant la fête, et depuis la fête pourquoi ne l'avait-elle pas vu? Lui était-il arrivé malheur? Plusieurs fois elle avait interrogé le duc de Noyal-Treffléan, mais le duc de Noyal-Treffléan avait répondu vaguement, ou bien il n'avait pas répondu. L'inquiétude de Trois-Mai croissait d'heure en heure. Quand arriva le soir, elle ne put retenir ses larmes... Elle baissa la tête et murmura le nom d'Émile..

Il sourit. Et, après l'avoir silencieusement regardée, il jugea que le moment des explications était enfin venu.

— Pourquoi, lui dit-il, ce nom se rencontre-t-il si fréquemment sur vos lèvres?

— N'est-ce pas celui d'un frère... d'un ami? répondit-elle étonnée.

— Ainsi, continua le duc, si vous ne deviez plus revoir Émile...

— Si je ne devais plus le revoir? interrogea Trois-Mai palpitante.

— Si lui-même devait vous quitter pour toujours...

— Oh! ce n'est pas possible!

— Qu'en savez-vous? répliqua froidement le duc; connaissez-vous donc la vie? savez-vous ce que valent les serments des hommes? Pas possible, dites-vous. C'est plutôt le contraire qui ne serait pas possible.

Trois-Mai fixait sur lui des yeux agrandis par l'inquiétude.

— Voyons, ma fille, continua-t-il sur un ton plus affectueux, causons. Vous êtes jeune, vous ignorez bien des choses, vous jugez avec le cœur et conséquemment vous jugez faux. Je ne veux pas vous faire de la peine. Mais il est des sentiments plus durables que ceux de l'amour, je tâcherai que vous ne l'appreniez pas à vos dépens.

— Que voulez-vous dire? demanda Trois-Mai.

— Je veux dire qu'à défaut de votre expérience, la mienne saura vous éviter les sentiers trompeurs et glissants...

— Je ne vous comprends pas, mon père.

— Trois-Mai, dit le duc de Noyal-Treffléan devenu grave, vous ne devez plus aimer que moi à présent.

— Que vous? répéta-t-elle interdite.

— Moi seul.

— Mais... Émile...

— Il faut renoncer à Émile.

— Pourquoi donc cela, mon père? N'est-ce pas vous qui l'avez introduit dans l'hôtel?

— Il est vrai.

— N'est-ce pas vous qui avez permis sa présence auprès de moi?

— Je l'avoue, répondit le duc.

— Enfin, mon père, n'est-ce pas vous encore dont la bonté a souffert qu'un espoir de bonheur trouvât place entre nous deux?

Le duc resta muet.

— Pourquoi donc, continua-t-elle, renoncer à Émile? Pourquoi renoncer à une affection que vous-même avez encouragée?

— Et si cette affection n'était pas digne de la fille des Noyal-Treffléan? Si cet Émile ne méritait ni votre tendresse ni votre estime?

— Oh! mon père...

— Si ce n'était qu'un misérable?...

— Cela ne se peut pas?

— Un assassin...

— Ciel!

Trois-Mai se leva, comme si le tranchant d'un éclair eût plongé dans ses yeux. Et, souriant ensuite de ce sourire confus des gens qui croient avoir été joués :

— Oh ! mon père, quelle cruelle plaisanterie !

Mais elle s'effraya de le voir demeurer sérieux.

Il déploya une lettre qu'il froissait entre ses doigts depuis le commencement de cette conversation.

— Lisez, dit-il d'un ton qui fit frémir la jeune fille.

Cette lettre était de M. Soleil, et voici ce qu'elle contenait :

« Monsieur le duc,

» J'ai reçu la lettre où vous me faites l'honneur de me demander des renseignements sur ce jeune Émile admis aujourd'hui dans votre intérieur. Permettez-moi de repousser en partie les reproches que vous m'adressez au sujet de ma police mise, dites-vous, en défaut. Si je ne vous ai pas instruit plus tôt de l'amour existant entre votre fille et ce jeune homme, c'est que je comptais en tirer tôt ou tard quelque incident susceptible de vous intéresser. Le hasard a cette fois encore pris les devants sur moi et éventé la mèche que je préparais dans l'ombre. Je remercie toutefois le hasard qui vous a fait recourir à moi dans cette circonstance. Jamais il ne vous aura mieux servi.

» Cet Émile, dont je n'ai cessé de suivre les traces jusqu'à ce jour, peut être compté au nombre de vos plus redoutables ennemis. Vous en jugerez, lorsque vous saurez que dans une réunion tenue le 14 juillet chez Théroigne de Méricourt, il a pris l'engagement de vous immoler au ressentiment de cette fameuse courtisane.

» Voilà ce qu'hier seulement j'ai appris et ce dont j'allais m'empresser de vous informer quand votre lettre m'est parvenue.

» Au reste, je pars demain matin pour Versailles, et j'aurai l'honneur de prendre les instructions de monsieur le duc au sujet de ce jeune homme et sur ce qu'il convient d'en décider.

» FRANÇOIS SOLEIL. »

Trois-Mai lut cette lettre jusqu'à la fin sans que son visage en reçût d'autre expression qu'une pâleur livide. Arrivée au bout, elle la recommença avec le même sang-froid, et lorsqu'elle eut fini, bien fini cette fois, elle la remit au duc.

— Eh bien? lui demanda-t-il.

Trois-Mai ne répondit rien.

— N'avais-je pas raison, ma fille, en vous disant que désormais vous ne deviez plus aimer que moi seul?...

Il croyait être parvenu à l'apogée de son triomphe, il s'imaginait avoir conquis sa fille tout entière. Ce travail, dirigé avec une habileté de stratégie luciférienne, il pensait l'avoir terminé, et déjà, levant son front audacieux, il était prêt à s'écrier :

— Victoire !

En ce moment, il lui sembla entendre un bruit au dehors : il ne se trompait pas; c'était la horde de Théroigne qui pénétrait dans son hôtel désert.

Le duc de Noyal-Treffléan écarta le rideau, mais comme il ne vit rien, il le laissa retomber.

Sa fille était assise sur un canapé.

En se retournant vers elle, il fut frappé de son immobilité, et, l'attribuant à un excès de douleur, il lui prit la main :

— Cette lettre t'a fait mal, n'est-ce pas ? Comme moi, tu es révoltée de tant de duplicité et de tant d'infamie..

— Cette lettre ment, prononça-t-elle avec tranquillité.

Le duc de Noyal-Treffléan fit un geste de surprise.

— Ma fille...

— Cette lettre ment, répéta-t-elle.

— Soleil ne se trompe jamais.

— Il s'est trompé, mon père ; Émile n'est ni un misérable ni un assassin, vous ne pouvez sérieusement l'avoir cru.

— Je crois tout, répondit le duc.

— Je réponds du cœur d'Émile comme du mien.

— Et moi, je te dis qu'Émile n'est venu à Versailes que pour m'assassiner !

Il n'avait pas achevé ce dernier mot que la fenêtre du pavillon s'ouvrit précipitamment au bruit de toutes les vitres brisées, et que Théroigne de Méricour apparut dans l'horreur théâtrale de ses vêtements rouges, l'œil flamboyant ; le fusil à la main !

Derrière elle, au signal qu'elle avait donné, la bande des femmes révolutionnaires s'était groupée rapidement. Elles avançaient leurs têtes curieuses et féroces, pour jouir de la scène qui allait se passer. Les types les plus ignobles étaient représentés là ; il y avait des yeux écarlates, des lèvres blanches, des chevelures exaspérées, crin ou filasse. Elles se fussent tous les matins débarbouillées avec du vitriol qu'elles n'en eussent pas paru plus horriblement défigurées. Le fond ténébreux sur lequel elles se détachaient, frappées seulement à la face par un jet de lumière venu du pavillon ; les armes qu'elles brandissaient, le cri qui avait répondu à l'appel de Théroigne de Méricourt, tout cela leur donnait un relief étrangement sauvage. Qu'on s'imagine une porcherie de Brauwer poussée dans le sens meurtrier.

Le duc de Noyal-Treffléan n'eut pas le temps d'être étonné, il n'eut que le temps de voir.

— Je suis Anne-Josèphe, la fille des Théroigne ! lui cria la courtisane.

Elle le coucha en joue...

Le coup allait partir, lorsqu'un homme, celui qui depuis quelques instants suivait les femmes dans le parc, s'élança soudainement à son côté et abattit la main sur son fusil.

— Tonnerre ! mugit la Théroigne.

Trois-Mai avait poussé un cri de joie.

— Émile ! exclama-t-elle, Émile !...

Et, se retournant vers le duc de Noyal-Treffléan stupéfait :

— Ah ! vous voyez bien, mon père, que j'avais raison !

Pendant ce temps-là une lutte s'était engagée entre Émile et Théroigne de Méricourt. Écumante, la rage aux lèvres, celle-ci vociférait :

— Vous périrez tous les deux !

En effet, comme les harpies au bec et aux pattes d'airain, les poissardes allaient se jeter sur eux, et rien ne semblait pouvoir les arracher à ce péril.

Le duc de Noyal-Treffléan, enlacé convulsivement par sa fille, cherchait à saisir son épée sur un guéridon, afin d'éventrer au moins cinq ou six de ces femelles, quand un secours inespéré lui arriva.

La porte du pavillon opposée à la fenêtre s'ouvrit bruyamment, livrant passage à une grosse harengère, pavoisée de rubans et habillée avec folie.

D'un coup de poing, elle renversa le flambeau qui éclairait tout ce désordre, et l'obscurité régna complète. Alors, profitant d'un premier moment de surprise et de trouble, elle entraîna le duc et Trois-Mai, en leur disant vivement à voix basse :

— Par ici ! par ici ! je suis François Soleil !

IV

Sur la table d'un cabaret, les coudes appuyés, l'œil stupide, cette femme qui est assise, plusieurs bouteilles devant elle, c'est Théroigne de Méricourt.

Elle boit en attendant le jour.

Le cabaret est triste et éclairé à peine ; l'hôte dort sur un comptoir; il a la face dans le vin et les bras étendus.

La nuit est noire comme du charbon; par la porte restée ouverte toute grande on entend la pluie qui tombe, et ce bruit a quelque chose de monotone et de navrant. Il faut descendre plusieurs marches pour entrer dans ce bouge, où l'on sent à plein nez l'odeur des brocs.

D'autres femmes sont assises à d'autres tables ; la plupart sommeillent par terre, attendant comme Théroigne que le jour leur permette de courir au château de Versailles, où l'affaire sera chaude.

Il est deux heures du matin, on entend par intervalles les cris qui remplissent la place d'Armes et les chansons dont s'égaye la salle de l'Assemblée. Ces préludes nocturnes d'une émeute sont pénibles ; c'est la menace plus affreuse que l'exécution, c'est le geste plus terrible que le coup.

La Théroigne remplit son verre et boit. Le vin coule, épais, dans sa poitrine et dans sa raison. Elle boit souvent; c'est du vin rouge, dont le verre reste teint après qu'il a été vidé. Mais cela lui importe peu. Elle est seule à boire. Ses armes sont déposées à côté d'elle, sur le banc. Par moments elle y jette un regard, et sur ses lèvres humides et rougies flotte un sourire de cruauté. Le vent noir s'engouffre dans la porte du cabaret; des gouttes de pluie s'en viennent tomber jusque sur les pieds de la buveuse.

Théroigne prend sa bouteille et verse toujours. Elle a le calme et l'habitude. Les objets extérieurs disparaissent à ses yeux. Cependant, l'ivresse est là autour d'elle, qui désire et qui rôde, semblable à ces oiseaux sinistres qui tournoient longtemps autour de leur proie, attendant, pour s'abattre, qu'elle ne bouge plus.

— Puis-je venir? semble dire l'ivresse.

— Pas encore.

Et la deuxième bouteille égouttée, l'ivresse redemande s'il est temps.

— Tout à l'heure, lui répond-on.

L'ivresse s'impatiente, on dirait Barbe-Bleue criant à sa femme : « As-tu bientôt fini tes prières?... »

Mais cette nuit-là, c'est Théroigne de Méricourt qui cherche l'ivresse et qui va au-devant. Elle a besoin de s'étourdir, de se monter la tête. Elle voudrait prendre sa pensée à deux mains et la noyer par le cou, comme on fait d'un chien. Bois et disparais! Mais la pensée est capricieuse, et elle ne regimbe jamais tant que lorsqu'on veut l'asservir. La pensée de Théroigne se débat dans les flots du vin rouge et revient incessamment à la surface.

Tout bas elle se rappelle les événements de la soirée et par quel incroyable hasard le duc de Noyal-

Treffléan a été soustrait à sa vengeance. A ce souvenir, on voit son buste agité par un tremblement. Elle marmotte dans ce pâteux idiome de gens pris de boisson et que leur langue embarrasse à l'égal d'une éponge alourdie :

— Les autres payeront pour lui demain... Oui, demain sera le grand jour. Je serai sans pitié pour les nobles, je les écraserai tous, tous! tous! Peut-être se trouvera-t-il dans le nombre... J'ai la tête qui me brûle... L'avoir tenu au bout de mon fusil et le savoir encore vivant, et penser qu'il se rit peut-être de moi au moment où je parle!... Pouah! ce vin ne vaut pas le diable, j'aurais mieux fait de demander de l'eau-de-vie... cela agit plus vite... Et cet Émile, ce traître, lui aussi ligué contre moi! Qui s'y serait attendu ?.. J'ai soif...

Théroigne boit encore. Elle rit à son vin qui ne rit pas, lui, mais qui bouillonne sérieux et chaud, comme un vin de révolution.

Elle se sent serrée dans sa jupe d'amazone et fait sauter deux ou trois boutons de son corsage. Comme cela, elle respire mieux. Sa tête bat le vide sans contrainte. C'est Érigone affolée de Bacchus,

Érigone couronnée de grappes noires, le sein sans voiles et se tordant sous les délires du vin.

Un quinquet *filant* l'éclaire en plein, l'éclaire seule; les autres femmes dorment dans une obscurité malpropre, elles ronflent avec un bruit d'océan.

Au dehors la pluie s'est ralentie un peu.

Depuis quelques instants, un homme s'est arrêté devant le seuil du cabaret; il a regardé d'un air timide et curieux. Ses habits sont ruisselants. Il croit que tout le monde dort, et il se hasarde enfin à descendre les marches.

C'est un homme que nous connaissons, il est vêtu de rose, il a des escarpins ornés du rubans; mais cette nuit-là ses rubans sont couverts de boue,.ses escarpins crevés traînent l'eau après eux. Il fait pitié, car il est percé jusqu'aux os; et son habit de satin, qui a la transparence d'une pelure d'oignon, s'est collé sur lui comme une seconde épiderme.

D'où vient-il? Son visage craintif et doux est entièrement bouleversé; son œil droit exprime l'abattement, son œil gauche exprime la terreur.

Pauvre Ariodant!

Il tient sa flûte sous le bras. Il entre dans le cabaret. Il marche sur la pointe des pieds et cherche une place pour s'asseoir, une place où il ne gêne personne, car il va tomber de fatigue.

Comme Théroigne ne fait aucun mouvement, il croit qu'elle est endormie, et c'est sur le banc en face de Théroigne qu'il se pose, sur le coin et sur le bord de ce banc. Puis il retient sa respiration et regarde tout autour de lui, comme pour se rendre compte de l'endroit où il se trouve; son visage peint l'étonnement, il croit faire un vilain rêve.

Mais en relevant sa petite tête dodelinante voici qu'il aperçoit, dardés sur lui, les yeux de la courtisane...

Ariodant s'effraye de cette femme tout de rouge habillée, et qui le regarde comme le soleil regarde un coquelicot. Il ne sait s'il doit rester ou s'en aller. Elle le toise en silence, et quand elle l'a toisé elle se remet à son verre. Lui, cependant, reprend un peu de confiance, il parvient à rassembler sur ses lèvres les éléments d'un sourire, et après un quart d'heure d'hésitation il s'enhardit à prononcer les mots suivants :

— Madame, qu'est-ce qui se passe donc à Versailles?

La Théroigne dit :

— Hein?...

Ce qui oblige Ariodant à répéter sa phrase insolite, mais cette fois avec une voix tremblante et presque inintelligible.

— Tu demandes ce qui se passe à Versailles, toi, répondit la Théroigne; ah çà! tu es donc aveugle et sourd... ou bien tombes-tu de la lune? Ohé, Françoise et Marie, en voilà un qui demande ce qui se passe à Versailles!

Mais Françoise et Marie dorment comme des bûches.

— Est-ce que tu serais un aristocrate, par hasard? reprend-elle en fronçant ses noirs sourcils.

— Je suis un domestique.

— Ah! c'est cela... on te laisse dans l'ignorance... on te cache les événements politiques. Voilà bien les nobles! Tiens, bois un coup...

Ariodant n'ose pas refuser.

— Prends, ne te gêne pas, dit la Théroigne. Bois,

pauvre domestique; bois, victime des préjugés; bois tout ton saoûl, pour te venger de la société. Ne me demandes-tu pas ce qui se passe à Versailles?

— Oui, dit Ariodant en s'essuyant la bouche.

— Eh bien! voilà. Je vais te le dire. Ce qui se passe à Versailles, c'est la justice. Tu comprends. Le peuple veut qu'on l'écoute à son tour, il souffre. Bois donc! Le peuple n'aime pas les nobles, parce que les nobles ne l'aiment pas, c'est clair. Le peuple est bon et possède tous les grands instincts. Il va tuer les nobles et raser leurs hôtels, parce que leurs hôtels sont trop beaux et que c'est honteux. Certainement il ne tiendrait qu'à lui de s'y installer, mais il sait que ce n'est pas sa place, et, comme il ne veut pas que d'autres s'y mettent, alors il préfère les démolir. C'est bien simple.

— Comment! murmure Ariodant ébahi; on vient tuer les nobles?

— Oui.

— Et les ducs aussi?

— Parbleu! s'écrie Théroigne de Méricourt.

— Mais alors, qu'est-ce que je deviendrai, moi?

— Ce que tu deviendras? tu deviendras libre, libre comme l'oiseau, libre comme l'air !

— Hélas! voilà un jour que je suis libre, soupire Ariodant, et voilà un jour que je suis malheureux.

— C'est que tu n'es pas encore accoutumé à la liberté ; tu t'y feras.

— La liberté, ce n'est donc pas le bonheur?

— C'est mieux.

Ariodant se tait, et la Théroigne lui verse à boire. L'ivresse l'a gagnée et la tient tout entière. Elle regarde les murs, elle regarde le plancher ; il se fait une musique dans sa tête qu'elle écoute distraitement. Le cabaret, à demi plongé dans l'obscurité, se teint à ses yeux de couleur d'or. Joignez à cela l'homme rose qu'elle a vis-à-vis d'elle. Théroigne est heureuse, Théroigne est belle, elle se mire dans son verre et caresse la bouteille aux flancs sombres ; puis elle entonne des chansons, chansons amoureuses, chansons grivoises, chansons politiques et guerrières. Sa voix appelle le jour.

— Qu'as-tu donc à ton côté? C'est une flûte. Joue-moi de la flûte. Tra la la la la !

Ariodant obéit.

— Plus vivement, plus gaiement! Fi de cet air mélancolique? Es-tu un joueur de cimetière? Bois une rasade, le vin donnera des ailes à ta chanson! Ah! quand j'étais jeune, comme j'en savais de belles! Écoute... Non, ce n'est pas cela... Presto! allegro!

Ariodant mouille sa flûte de ses larmes. Il joue de la sorte tous ses beaux airs, il les joue pendant une heure au moins, et il réveille le cabaret.

Les femmes qui dorment le nez en terre se remuent, et ayant l'oreille ouverte elles ouvrent l'œil. Elles voient par la porte une pâle lueur qui est le jour, elles entendent le son d'un instrument et elles se demandent où elles sont. Peu à peu la connaissance leur revient en s'apercevant les unes les autres. Elles se soulèvent, elles se lèvent, elles bâillent, elles s'étirent, elles se remuent sur le sol comme des larves; ce réveil est horrible à voir. Elles viennent, en s'appuyant aux tables, se poser diversement autour d'Ariodant, les unes assises, les autres debout.

Il les examine d'un air effaré, tout en jouant, et, malgré lui, il compare cette matinée hideuse aux matinées du parc, alors que sa flûte résonnait sous les ombrages brillants de rosée et réveillait les oiseaux frissonnants. Au lieu d'ombrages, il n'a que la voûte suintante d'un mauvais gîte; au lieu d'oiseaux, que les masques terreux d'une douzaine d'abruties, qui l'écoutent comme les lices devaient écouter Orphée. Il comprend dès lors que quelque chose se trame et que la poésie va se retirer de sa vie. Aussi ce qu'il leur joue est-ce son chant du cygne, son adieu mélancolique.

Quand il a fini, elles s'aperçoivent qu'il pleure.

— Voilà son vin qui lui sort par les yeux, dit Théroigne; il a la flûte tendre.

— Qu'a-t-il donc, ce perroquet? demande Françoise.

— Il ne veut pas qu'on tue les nobles, répond Théroigne; ça lui fait de la peine à ce chéri.

— Voyez-vous ça?

— A quoi est-il bon, alors?

— Hélas! mesdames, répond Ariodant, je ne suis bon qu'à être heureux. Je sais bien que cela ne vous paraît pas suffisant, mais je n'étais pas fait pour être un homme. J'aurais dû naître un bel arbre de printemps; j'aurais chanté et brillé toute la journée, voilà ce qu'il m'aurait fallu. Je ne peux vivre qu'à l'ombre des nobles, dans leurs salles et dans leurs parcs. Pourquoi vouloir faire de moi un maître, tandis que je ne suis bon qu'à être un domestique? Je serai un maître affamé et en guenilles, je suis un domestique pansu et couvert de riches étoffes. Je ne veux pas changer. Je n'ai ni esprit, ni génie, ni talent; je ne suis bon absolument qu'à être ce que je suis. J'aime, moi, petit et chétif, à me voir entouré de gracieux visages, de gens magnifiques, de meubles et de tableaux de prix; du moment où je serai privé de tout cela, je mourrai. Hélas! je vois bien que la révolution que vous faites ne me profitera pas. Pourtant si j'ai pu vous amuser quelques minutes, je vous prie de m'accorder une grâce, ce sera la première et la dernière, ce sera la seule, mesdames.

On avait écouté cet étrange et naïf discours avec un étonnement sans pareil. Quelques-unes n'y avaient rien compris. Toutes regardent cet individu rose, qui avoue si franchement son amour du beau, du riche et du gai.

— Quelle est cette grâce? demande la Théroigne.

— Promettez-moi, dit Ariodant, d'épargner un de ces nobles dont vous parliez.

— Ton maître, sans doute ?

— Oui.

Un brouhaha d'indignation s'élève parmi les femmes. Mais Théroigne les réprime du geste.

— Et... le nom de ce noble ?

— C'est un digne seigneur, un riche et généreux gentilhomme, c'est le duc de Noyal-Treffléan...

Théroigne blêmit. Tout le sang se retire de ses veines, tout le vin de sa tête. Le duc ! le duc ! le duc ! Ce nom lui apparaît continuellement comme une raillerie insolente.

Elle rejette les bouteilles d'un revers de bras, et s'appuyant des deux poings sur la table, elle met sa figure éblouissante de rage à deux lignes de celle d'Ariodant :

— Ah ! tu es le laquais du duc de Noyal-Treffléan ! Ah ! ah ! tu es son esclave, son confident, son espion peut-être ! Tu es le laquais du duc de Noyal-Treffléan, et tu oses le dire, ici, tout haut, devant moi ! Parbleu, tu es un drôle bien avisé !

Ariodant tremble.

Les femmes se sont resserrées autour de lui. Elles grondent.

Mais Théroigne :

— Non! non! laissez-le-moi; il m'appartient; c'est un émissaire du duc de Noyal-Treffléan. Car tu l'as dit, n'est-ce pas? j'ai bien entendu. Le duc! Qu'est-ce qu'il t'envoie faire ici, le duc?

Elle le secoue au collet, lui, pâle, ahuri, sans résistance.

Le jour est arrivé, le grand jour. Il est entré dans le cabaret, il a réveillé l'hôte. L'hôte s'enquiert du bruit que l'on fait. On ne lui répond pas, on presse Ariodant et on le menace. Avec le jour arrivent les huées de la rue, les *cris*, l'appel aux armes. Tout Versailles est sens dessus dessous. Deux ou trois coups de feu isolés ont retenti dans la direction du château. On voit passer des groupes ardents, hommes et femmes, des députés. Voilà le jour, le grand jour qui ravive toutes les haines et toutes les fureurs, toutes les ambitions et toutes les folies!

— Théroigne, il est jour, abandonne cet insensé et courons au château,

— Qu'il vienne avec nous! dit une autre.

— Tiens, prends ce sabre et marche.

On donne un sabre à Ariodant, mais Ariodant laisse choir ce sabre trop lourd pour son bras. Il retombe sur le banc, d'où le poignet de Théroigne essaye de l'arracher.

— Non, dit-il.

Le cercle des femmes tombe sur lui, les unes le prennent à la gorge, les autres le tirent par les pieds. Il est à terre. On a vu luire une flamme d'acier. C'est une mêlée sans forme ; l'hôte s'esquive et va mettre sa conscience à l'abri dans sa cave.

Ariodant pousse des cris inarticulés, il est enseveli sous une colline de femmes, il appelle au secours.

Tout à coup, sur le seuil du cabaret, un homme se montre.

C'est l'homme à la hache, c'est Jourdan Coupe-Tète.

Il contemple un instant ce tableau qui semble lui faire plaisir, car ses lèvres s'écartent et il sourit. Il descend enfin.

A son aspect, les femmes se détournent. Elles lui désignent du doigt l'infortuné joueur de flûte. Le Coupe-Tète a compris. Il fait entendre un ricanement joyeux, et saisissant sa hache il se dirige vers la victime.

Ariodant, dont l'habit de satin n'est plus qu'un lambeau, Ariodant tente de se relever lorsqu'il aperçoit Jourdan Coupe-Tête. Il ouvre la bouche pour crier, et reste glacé d'horreur.

Jourdan Coupe-Tête n'a plus que deux pas à faire, mais il vient de distinguer une tache sur sa hache et il s'arrête pour l'essuyer avec un pan de sa redingote.

Ariodant le regarde ; sa situation est atroce, il rampe sous la table et recule tant qu'il peut.

Son bourreau ne s'en inquiète pas davantage que d'une araignée qu'il sait pouvoir atteindre en deux enjambées ; il nettoie son arme, la rend bien luisante. Quand il a fini, il cherche de l'œil, et voit Ariodant tout contre le mur, qui se blottit et s'efface. Il va à lui. Ariodant, que la peur galvanise, se jette de côté, mais il rencontre les femmes ; il court derrière le comptoir, il implore une issue. Jourdan Coupe-Tête le suit impassiblement.

Cette chasse va finir. Ariodant rencontre une porte, il la pousse des genoux, il se croit sauvé,

Malheur ! c'est un cabinet sans issue. Jourdan le suit et entre derrière lui. La porte se referme.

Un cri affreux...

— A ta santé, Coupe-Tête ! dit la Théroigne en lui versant à boire.

— A ta santé ! répondit-il en caressant sa barbe.

— Et maintenant, au château ! crient les femmes, au château !

La tête d'Ariodant est mise au bout d'une pique, et, précédées de cet étendard sanglant, les Parisiennes quittent le cabaret, sous la conduite de Théroigne de Méricourt.

On sait ce que dura l'assaut et comment la famille royale, *mitron et mitronneaux*, furent ramenés en triomphe ! Quel triomphe ! Mais le peuple a de ces caprices étonnants !

Versailles, de ce jour-là, fut dépossédé de son prestige ; Versailles ne fut plus Versailles. Le peuple était entré dans le palais, dans le parc ; il était entré partout ; il s'était regardé dans les hautes glaces vénitiennes, lui et ses pieds de cuir ; il s'était regardé et il s'était trouvé très-laid, ce qui l'avait outré. Aussi, dans son dépit, avait-il cassé les glaces et coupé le cou à deux ou trois gardes-du-corps.

Alors il s'était trouvé moins laid.

— C'est égal, murmura Jourdan Coupe-Tête en s'en revenant (et ce mot a été conservé par l'histoire), ce n'était pas la peine de me faire venir à Versailles pour trois têtes seulement!

V

— Eh bien! monsieur Soleil, m'expliquerez-vous tout ce que cela veut dire, enfin?

Telle était la question que posait, huit jours après ces événements, le duc de Noyal-Treffléan à son intendant François Soleil.

Celui-ci souriait, était à son aise, remplissait parfaitement la chaise où il était assis.

— Ce que cela veut dire, monseigneur?

— Oui.

— Cela veut dire que le peuple français fait une révolution.

— Parbleu! je le vois bien! répondit le duc; mais ce n'est pas cela que je vous demande,

— Qu'est-ce que vous demandez donc, monsieur le duc?

— D'abord, pourquoi étiez-vous déguisé en femme le 5 octobre?

François Soleil toussa, regarda une gravure, et répondit :

— Monseigneur, c'est que, dans mes instants de loisir, je fais de la démocratie pour mon compte.

— De la démocratie.

— Oui, monseigneur, c'est un nouveau mot qui exprime une ancienne chose.

— Démocratie! démocratie! je le veux bien; mais enfin à quoi cela sert-il mes plaisirs?

— Monseigneur, vous allez voir.

— Voyons donc.

François Soleil prit un temps, comme font les comédiens :

— Monseigneur, est-ce que vous ne trouviez pas, depuis quelque temps, vos plaisirs bien monotones, bien fades, bien usés?

— Ma foi! monsieur Soleil, s'il faut en faire l'aveu...

— C'est ce que j'avais prévu, dit l'intendant;

aussi depuis huit mois environ m'occupé-je d'introduire un élément nouveau dans vos distractions.

— Ah! ah! fit le duc de Noyal-Treffléan, se frottant les mains.

— Oui, l'élément populaire.

— Diable!

— Cela vous étonne, n'est-ce pas, monseigneur?

— Je l'avoue, monsieur Soleil, je l'avoue.

— Écoutez-moi bien. Un pavé qui vous tombe sur la nuque, froid et fort, vous étonne, n'est-il pas vrai? Eh bien! le peuple arrivant à travers votre fête et soufflant sur vos bougies doit vous produire le même effet. Vous voulez le battre et il vous bat, c'est charmant. C'est une sensation.

— En effet, dit le duc.

— Eh bien! le peuple, c'est moi. Ou pour mieux dire, c'est moi qui ai conduit le peuple, c'est moi qui l'ai conseillé, c'est moi qui l'ai poussé.

— Toi?

— Moi-même, monseigneur. Et il n'y a rien d'étonnant à cela, rien du tout. C'est mon opinion! En servant vos goûts je sers mes instincts.

— Ah! ah!

— Oui, monseigneur.

— Ainsi, c'est toi qui as conduit les femmes à Versailles?

— C'est moi.

— Et celui qui les as conduites à la Bastille?

— C'est encore moi.

— Tu es un homme étrange.

— Monseigneur est bien bon.

— Tu me ruines et tu conspires contre moi pour me divertir?

— Pour vous divertir, oui, monseigneur.

Le duc de Noyal-Treffléan se mordit les lèvres.

— Monsieur Soleil?

— Monseigneur?

— Je ne vous savais pas un homme politique.

— Je me réservais de vous l'apprendre, monseigneur.

— Au fond, c'est plaisant. Je vous approuve en partie. Seulement gare aux conséquences!

— Cela ne nous regarde ni l'un ni l'autre.

— C'est vrai.

— Et, puisque monseigneur daigne descendre avec moi jusqu'à des explications si intimes, je me permettrai, quelque ridicule que je puisse paraître, de lui adresser une interrogation.

— Quelle interrogation, monsieur Soleil?

— Voici. Pourquoi monseigneur ne s'est-il pas fait démocrate?

— Oh! oh!

Le duc de Noyal-Treffléan mit son poing sous son menton et se prit à réfléchir.

— Au fait, pourquoi ne me suis-je pas fait démocrate? Vous avez raison, monsieur Soleil, si je ne me suis pas fait démocrate, c'est que probablement je n'y ai pas pensé.

— C'est cela.

— Mais, permettez. Quel avantage trouverais-je à être démocrate?

— Ma foi! l'avantage de ne plus être aristocrate.

— Oui, d'abord; mais ensuite?

— Ensuite? l'avantage de pouvoir vous ranger dans les rangs de l'agression, au lieu de vous ranger dans les rangs de la défense.

— C'est quelque chose. Ensuite?

— Ensuite... Ma foi, le plaisir de devenir un homme féroce après avoir été un homme charmant, de se couvrir de vêtements grossiers après avoir été toute sa vie habillé de soie et d'or, de parler avec une grosse voix lorsqu'on ne parlait que du bout des lèvres, de marcher en se déhanchant et de rouler des yeux furibonds, de se méfier de tout le monde et de détrousser la rhétorique révolutionnaire, de dire : fers, tyrans, esclavage, despotisme, humanité, que sais-je enfin ? d'avoir l'air perpétuellement de cacher un fer homicide, de savoir à fond l'histoire romaine afin de pouvoir citer Brutus et Gracchus, de mal vivre quand on vivait bien, de se faire laid et brutal à plaisir... Tout cela me paraît joyeux pour qui n'en a pas l'habitude; et à l'époque où nous vivons, monseigneur, je ne vois guère d'autre rôle pour vous que le rôle de démocrate.

Le duc de Noyal-Treffléan l'écoutait avec une attention très-grande.

— Vous avez peut-être raison, monsieur Soleil ; oui, je n'avais pas songé à ce parti.

— D'autant plus que, comme c'est *moi* qui pousse la démocratie, je puis faire naître des incidents tour à tour burlesques ou tragiques, selon les dispositions d'esprit de monsieur le duc.

— Comment, c'est vous qui poussez la démocratie?

— Oui, monseigneur.

— Expliquez-vous? dit le duc.

— D'abord, j'ai fait prendre la Bastille, ce qui n'est pas déjà mal; ensuite j'ai amené les femmes à Versailles, ce qui est suffisamment plaisant; et demain...

— Demain?

— Oh! demain, c'est mon secret, ou plutôt c'est le vôtre, monseigneur.

— Ainsi, monsieur Soleil, s'il fallait vous en croire, ce serait vous, vous seul, qui feriez en ce moment l'histoire de France?

— Oui, monseigneur.

— C'est fort ingénieux.

— Monseigneur est trop bon, répondit l'intendant.

— Et la Révolution française serait tout bonnement un épisode que vous auriez imaginé pour mes menus plaisirs?

— Précisément.

— Vous avez de l'imagination.

François Soleil souriait et se rengorgeait.

— Savez-vous que vous pouvez mener cela très-loin? reprit le duc de Noyal-Treffléan.

— Aussi loin qu'il plaira à monseigneur.

— Ma foi, allez, mon cher, allez.

— Je profiterai de la permission, monsieur le duc. Toutefois il se peut que, malgré ma volonté, les événements marchent un peu vite, je vous en préviens.

— Ah! peste!

— Ainsi, prenez vos précautions.

— Merci de l'avertissement, dit le duc. Comme cela, c'est maintenant la France qui, à votre instigation, va me donner le spectacle?

— C'est la France, oui, monseigneur.

— Eh bien! commencez. Je suis prêt. Tâchez que vos machines soient neuves, que vos personnages agissent curieusement. De l'imprévu, de la couleur. Soignez les détails. Ne reculez devant aucune étrangeté. Je vous attends et je vous écoute. Allez. Vous avez un beau thème, et fertile. Une révolution! c'est heureusement trouvé; il y a là des excès à mettre en lumière, des extravagances, des choses rares. Cela peut devenir intéressant. Le peuple est un grand acteur, il ne s'agit que de bien le souffler et de lui fournir prestement la réplique. Soyez à votre affaire. Le prologue de votre pièce a bien marché jusqu'à présent. J'en suis satisfait. Continuez. Je vais essuyer le verre de ma lorgnette. A revoir, monsieur Soleil.

QUATRIÈME PARTIE

I

Ceux qui ont vu la Terreur commencent à s'en aller de toutes parts. Il faut se hâter de les interroger, ces livres vivants, édition qui s'épuise d'un ouvrage détestable. Quelques témoins et quelques acteurs encore, les derniers, végètent obscurément, au fond des vieilles maisons, dans les vieilles rues. Ils errent par les temps de soleil dans le Luxembourg et dans les Champs-Élysées. Tel portier moisi, qui s'est barricadé contre la mort dans une loge du Marais, regardez-le : ce fut autrefois un sans-culotte des plus *agissants*, il avait toujours l'écume à la bouche et ne parlait dans les clubs que pour se plaindre du chômage de Saint-Guillotinette. Il est de beaux et charmants vieillards, de ceux qui tapent sur la joue des enfants, qui portaient jadis le bonnet rouge. Il est des femmes de faubourg, blanches et paralysées, qui ont tricoté longtemps au tribunal révolutionnaire et dansé dans le palais du roi sur les cadavres des Suisses. Ces rares tronçons s'agitent silencieusement et passent inconnus jusqu'au jour de leur mort, où les voisins épouvantés apprennent seulement que depuis une trentaine d'années ils habitaient sous le même toit qu'un régicide ou sur le même palier qu'une sœur de Marat.

Après avoir, plus que dans les livres, essayé de lire dans ces débris humains, je vais essayer de montrer un des coins de cette histoire du crime, où la réalité se hisse jusqu'à la poésie du cauchemar.

La Révolution, qu'un de nos représentants de Saône-et-Loire a appelée l'Évangile armé, la Révolution avait fait son chemin ; maintenant, elle venait de changer son nom de République en celui de Terreur.

Sur la place Louis XV on avait imaginé une machine gouvernementale d'une politique très-simple et très-expéditive, fonctionnant presque toute seule, et que l'on s'habitua bientôt à voir, comme on s'habitue à voir le Louvre et les Tuileries. Elle passa à l'état de monument public.

On avait trouvé d'assez gentilles métaphores pour ne pas la nommer par son vrai nom. On l'appelait *la petite fenêtre*, et les jours ou l'on était bien gai on dansait autour d'elle. Les plus grands et les plus célèbres personnages de France mirent tour à tour la tête à la *petite fenêtre*.

Or, ce jour-là, c'était jour de guillotine, comme la veille, comme l'avant-veille.

Une charrette allait doucement au pas le long des quais, par un joyeux rayon de messidor. Elle emportait plusieurs malheureux, hommes et femmes, aux yeux fixes.

La foule la regardait comme elle eût regardé toute autre charrette ; ces promenades étaient si communes !

Le cocher, gros garçon d'une physionomie réjouie et franche, murmurait un bout de chanson, interrompu de temps en temps par un coup de fouet donné à ses rosses. Comme on passait sur le quai de l'École, il leva la tête vers une fenêtre au cinquième étage, et envoya un baiser à une jeune fille très-jolie, qui se cacha en souriant derrière le rideau. C'était son amante. Ils se voyaient ainsi tous les jours.

— Hue, Maury! cria-t-il à la plus indolente de ses bêtes; hue, carcan! dépêchons-nous, nous avons eu souvent plus lourde charge.

Disant cela, le cocher retourna la tête sur son épaule et jeta un coup d'œil d'inexprimable dédain aux condamnés, qui n'étaient ce jour-là que de pauvres diables, à peine blasonnés: un savant, quelques menus chevaliers, et des inconnus.

— Hum! petite fournée, dit le conducteur, Fouquier devient paresseux depuis quelque temps... Hé! citoyen, range-toi donc; tu vas te faire écraser, citoyen!

Le personnage auquel s'adressait cette interpellation marchait en tête du convoi comme les commissaires en tête des corbillards. Il se retournait par intervalles pour bien voir les victimes à la figure, et il continuait à marcher.

C'était un vieillard habillé d'une redingote olive et coiffé d'un chapeau rond.

— Drôle d'homme! voilà trois semaines qu'il ne manque pas une exécution. Tous les matins, je suis sûr de le rencontrer à la porte de la Conciergerie. Il paraît que c'est sa manière de s'amuser, à lui. C'est égal, ça doit bien flatter M. Sanson tout de même... Hue, Bailly! hue, Maury!

On arriva sur la place de la Révolution et la charrette s'arrêta.

Le vieillard paraissait fort inquiet, il se levait sur la pointe des pieds.

Il disait:

— Il y en a un que je n'ai pas bien vu. Quel est-il? Celui d'en face, c'est le chevalier de Clidamant, je le remets fort bien, j'ai dîné plusieurs fois avec lui... Cet autre, c'est le petit Ponthieu, un avocat... Voici la comtesse de Versin; c'était une femme charmante; comment diable s'y est-elle prise pour être ici?... Elle regarde de mon côté, peut-être va-t-elle me reconnaître... Non. Mais c'est celui du fond que je voudrais bien voir. Il cache sa tête dans ses mains... Impossible de...

— Gare donc! citoyen, gare donc!

Et l'on repoussait le vieillard, qui ne se décourageait pas et cherchait à se maintenir au premier rang.

Lorsqu'il vit le cocher descendre de son siége pour aider aux valets de l'exécuteur, il courut à lui, et le saluant d'un courtois sourire, il lui offrit sa tabatière.

— Merci, dit l'autre brusquement, merci!

Le vieillard huma sa prise d'un air aimable, et montrant la charrette :

— Eh bien! dit-il, cela ne va donc plus, l'ouvrage?...

— Dame! tu vois, citoyen; il y a des jours mauvais. Demain ce sera peut-être mieux.

— Vraiment?

Le vieillard parut enchanté.

— J'ai vu de fort belles décapitations, ajouta-t-il; mais celle d'aujourd'hui me semble un peu mesquine; j'avais compté sur un général au moins ou sur un pair. Je suis fâché de ce contre-temps. Voyez, la place est presque déserte. Le tribunal se néglige, cela fait le plus vilain effet sur le peuple.

Un gendarme approuva silencieusement.

— Je voudrais bien voir ce dernier condamné qui se tient courbé...

— Mais range-toi donc, citoyen! Es-tu entêté, morbleu! tu vas être confondu avec les condamnés, et l'on va t'empoigner comme tel.

— Ah! voilà M. Sanson, continua le vieillard sans faire semblant d'entendre; il monte sur l'échafaud; il paraît soucieux aujourd'hui. Est-ce que la machine n'irait pas? Diable! ce serait contrariant.

— C'est un habitué, pensa le gendarme.

Le vieillard se donnait un mouvement infini pour ne perdre aucun détail de l'exécution qui allait avoir lieu.

— Je ne sais pas jusqu'à quel point je ne préférerais pas la place de Grève pour ces cérémonies-là. Vous rappelez-vous, citoyen, la mort du ci-devant marquis de Favras? voilà qui était imposant. Le terrain est trop vaste ici, une foule de nuances vous échappent forcément... Ah! M. Sanson fait signe à la charrette d'avancer.

On a probablement reconnu dans cet original le

citoyen Noyal-Treffléan, un des meilleurs patriotes d'alors, fort considéré dans son district.

Le citoyen Noyal-Treffléan, que l'on désignait sous le nom de *Céthégus,* était fou de républicanisme. Il ne quittait pas la place de la Révolution. Du reste, c'était un homme parfaitement conservé; il avait l'aspect blanc et doux des bourgeois les plus débonnaires.

Le citoyen Noyal-Treffléan prenait un vif intérêt à retrouver ses anciens amis sur les bancs des tombereaux. Il ne faut donc pas s'étonner s'il cherchait tant à voir aujourd'hui ce condamné qui inclinait la tête.

— Je ne suis pas certain que ce soit un homme... attendons... Il faudra bien à la fin qu'il ou qu'elle montre sa figure.

Il savoura une seconde prise.

A un cahot de la voiture, rendue tout à fait au pied de la guillotine, il s'écria :

— Ah! c'est une femme!... la secousse lui a fait lever les yeux... Mais... oui... je connais ces yeux-là... je les ai vus chez moi... Oh! oh!

La femme qu'il regardait était d'une maigreur

effrayante, ascétique. Elle promenait un regard froid et tranquille sur la place où elle allait périr.

— Eh! parbleu! dit le citoyen Noyal-Treffléan en frappant dans ses mains; j'y suis tout à fait, c'est cette danseuse de l'Opéra, cette Clarendon qui s'est faite Carmélite.

L'exécuteur Sanson avait fini d'inspecter la terrible manivelle; tout promettait de bien marcher. Il se mit à son poste.

Le tombereau s'ouvrit.

Au moment où le citoyen Noyal-Treffléan devenait le plus attentif, il se sentit tirer doucement par sa redingote.

Il se retourna et aperçut une jeune fille vêtue de blanc, agenouillée...

— Monsieur... sauvez ma mère... et je vous aimerai!... dit-elle à travers des sanglots.

Il poussa une exclamation d'étonnement.

C'était Trois-Mai, c'était la fille de la Clarendon.

I

Trois-Mai, depuis quelques mois, avait abandonné la demeure du duc de Noyal-Treffléan, parce que, lasse de demander à cet homme l'histoire de sa naissance et le nom de la pauvre délaissée à qui elle devait le jour, son cœur l'avait emportée un beau matin vers la marquise de Perverie, la seule qui pût lui révéler ce secret.

Longtemps elle avait rêvé d'entreprendre ce voyage avec Émile, son ancien compagnon de souffrance, mais elle l'avait attendu en vain.

N'allez pas croire qu'il l'eût oubliée cependant. Il

l'aimait, comme on pouvait aimer alors qu'un vent mouillé de sang soufflait sur la France.

Paris, livré aux bouleversements quotidiens de la Révolution, avait mis son cœur de côté pour ne garder que son cerveau bouillant. Émile, malgré lui, s'était laissé emporter par la fièvre politique. Au milieu de la mêlée, comment eût-il pris le temps de songer à son amour?

Ne voyant donc plus revenir Émile, Trois-Mai profita de l'indépendance sans bornes que lui laissait le duc, et s'étant renseignée sur le lieu où la marquise de Perverie avait son château, elle partit.

La marquise de Perverie, devenue la *citoyenne Perverie*, avait jusqu'à ce jour échappé aux dénonciations, grâce à la modestie de son existence et aux nombreux bienfaits qu'elle répandait aux environs de Nantes.

Quand la jeune fille lui eut dit qui elle était et le but de sa visite, la marquise leva sur elle un regard plein de tristesse.

— Mon enfant, répondit-elle, pendant longtemps je vous ai cherchée avec anxiété dans Paris; j'avais pour vous des sentiments de mère, quoique je ne sois que l'amie de celle qui vous a mise au monde. Je ne vous dirai pas combien mes perquisitions furent pénibles et difficiles. Lorsque j'appris que vous étiez à Versailles chez le duc de Noyal-Treffléan, cette nouvelle me fit autant de mal que si l'on m'eût annoncé votre mort. Vous savoir avec cet homme... et ne pouvoir vous arracher à lui, car dans les premiers temps il vous gardait presque à vue ; vous savoir livrée aux influences de sa redoutable philosophie et peut-être imbue déjà de ses systèmes, tout cela me glaça le cœur, et lorsque votre mère me demanda :

— Qu'est-elle devenue ?

Je lui répondis :

— Priez pour elle, Dieu seul peut la sauver !

Cet accueil déchira le cœur de Trois-Mai.

— Madame ! dit-elle, si j'avais été indigne de ma mère, serais-je venue ici comme je suis venue, seule, presque sans ressource, à travers tous les dangers de notre époque, pour vous supplier à mains jointes de me conduire à ses pieds si elle est vivante, à son tombeau si elle est morte !

La marquise la baisa au front en versant des larmes de joie.

— Pardonnez-moi, mon enfant; oui, je vois maintenant que votre bon ange n'a pas cessé de veiller sur vous. Rassurez-vous donc, votre mère existe.

— Ma mère !

— Elle est près de nous.

— Et vous me la ferez connaître?

— Oui.

— Quand? s'écria la jeune fille avec cet accent que l'âme avide de bonheur communique à la voix.

— Aujourd'hui même.

Ce mot la fit pâlir.

Elle ne put que se précipiter sur les mains de la marquise de Perverie et les couvrir de baisers.

Il y a sur les bords de la rivière d'Erdre, non loin du château de Perverie, les quatre murs noircis d'un ancien monastère ayant appartenu à l'ordre du Mont-Carmel. Oublié par miracle dans la saulée qui le voilait, ce monastère existait encore au commencement de la Terreur.

La moitié des religieuses l'avaient déserté, craignant la dénonciation et l'incarcération : il n'y restait que les plus résolues et les plus saintes, des femmes à qui les tourments de ce monde importaient fort peu et qui préféraient aller au-devant du martyre plutôt que de l'éviter. Les paysans, qu'elles ne gênaient en rien, fermaient les yeux sur leur dévotion clandestine, — et au fond ils n'étaient pas fâchés qu'on priât pour eux.

Ce fut dans ce couvent que la marquise de Perverie conduisit Trois-Mai.

L'exiguïté avec laquelle le règlement de Sainte-Thérèse sacrifie aux besoins matériels et aux attachements de famille irrite l'œil profane, parce qu'il faut, avant d'oser sonder cette vie d'ascétisme, s'être agenouillé sur la pierre et l'avoir mouillée de ses larmes.

A la vue de la grille hérissée à travers laquelle sa mère allait lui apparaître, Trois-Mai sentit un frisson douloureux. Tout faisait silence à l'intérieur; on entendait à peine le bruit d'un tabouret remué ou le frôlement d'une robe de laine.

Enfin, on s'approcha du parloir, puis de la grille.

Une voix, qui transperça la jeune fille, prononça plaintivement deux ou trois mots latins, pieux salut que doivent également échanger les trépassés s'ils se rencontrent dans les plaines éternelles.

Après quoi, un rideau tiré permit au regard de pénétrer jusqu'à la sœur Élisabeth-des-Anges.

Un combat terrible avait lieu en ce moment dans le cœur de cette femme : la nature poussait des cris déchirants, et les lois de sainte Thérèse étouffaient de leur poids lugubre ces derniers mouvements humains.

C'est pourquoi la sœur Élisabeth était si pâle.

Il avait été impossible à madame de Perverie de prévenir la religieuse, et de la préparer elle-même à ce coup inattendu. Les moyens intermédiaires offraient alors d'invincibles difficultés, et, d'un autre côté, l'impatience filiale se fût avec peine soumise à de nouveaux retards.

La sœur tourière, en annonçant la marquise et une jeune fille nommée Trois-Mai, avait seule appris à la pécheresse l'épreuve douloureuse à laquelle la Providence venait la soumettre.

Brisée par les battements de son cœur, blanche comme une de ces belles statues de marbre qui décorent les cénotaphes princiers, elle n'osait lever les yeux, craignant d'être emportée par la voix de la nature.

Après s'être recueillie dans un effort surhumain, elle arrêta cependant son regard sur la figure de Trois-Mai inondée de larmes.

Il y avait une certaine ressemblance entre la jeune fille et la Carmélite, mais il en eût été autrement qu'elles se fussent reconnues aussi bien. Un lien magnétique unissait leurs âmes et disait la vérité comme eussent pu le faire des registres fouillés ou des témoins attendris.

— Ma mère ! s'écria Trois-Mai.

Ce cri retentit au loin sous les froides voûtes du monastère.

Madame de Perverie sanglotait. Sœur Élisabeth, le souffle suspendu, les traits tourmentés, ne pouvait ni parler ni pleurer.

Trois-Mai se précipita contre la grille, dont les ferrures établissaient entre elle et sa mère une barrière infranchissable. Elle se déchira aux piques de ce cruel instrument de réclusion, et quelque mignons et effilés que fussent ses doigts, ils ne purent accomplir que la moitié du chemin.

— Oui, dit enfin la Carmélite, vous êtes ma fille, et s'il m'était permis d'écouter l'impulsion de mon cœur, j'irais vers vous pour vous presser dans mes bras et ne plus vous quitter; mais j'obéis à mes vœux en enfermant au dedans de moi les pensées qui m'émeuvent si vivement à cette heure. Dieu m'a accordé une grâce en me permettant de vous voir. Souverainement bon envers vous comme envers moi, il vous a faite belle de cette beauté qui dit des vertus; je l'en remercie en m'humiliant devant son ineffable puissance; mais à ces regards que j'échange avec vous, à cet entretien qui est l'instant le plus doux de ma vie, doivent se borner les exigences de mon amour pour vous. La vie corporelle est celle qui n'est réellement rien sur la terre, rien à moins qu'elle ne soit employée à notre purification. Efforcez-vous donc, mon enfant, vous que j'aime, vous n'en doutez pas, efforcez-vous de vous unir à moi dans la vie immatérielle, afin que nos cœurs s'élèvent ensemble vers Jésus-Christ, et que nos âmes se rencontrent un jour dans la béatitude céleste !

L'accent qui accompagnait ces mots exprimait l'immensité du sacrifice que la Carmélite faisait en ce moment, car chacune de ses paroles emportait avec elle un lambeau de son cœur.

— Oh ! non, dit Trois-Mai, non, il n'est pas possible que vous vous soyez condamnée à vivre éternellement séparée de moi. Si vous saviez combien j'ai été malheureuse du jour où je me suis aperçue qu'il manquait à ma vie d'enfant les délicieuses caresses d'une mère ! Voyez, je vous ai trouvée si tard, c'est bien le moins que nous nous aimions maintenant. Il y a quinze ans que je vous appelle, et au moment où vous pouvez m'entendre, vous resteriez sourde à mes sanglots !

— Trois-Mai, au nom de tous mes malheurs que vous ne connaissez pas, au nom de mes souffrances que vous ignorerez toujours, je vous supplie de m'aimer comme si j'étais morte, et comme si au travers des barreaux de mon sépulcre il vous était permis de vous entretenir avec moi !

Longtemps cette scène navrante se continua en ces termes ; la Carmélite eut peine à obtenir que Trois-Mai renonçât au fol espoir de l'entraîner hors du couvent.

Madame de Perverie, du reste, vint à son secours,

en expliquant à Trois-Mai qu'il n'en était pas d'une vocation déterminée par le repentir comme d'une exagération de piété mise en opposition avec des devoirs de famille.

Trois-Mai se résigna donc à ne voir en sa mère qu'un ange gardien présidant à toutes ses pensées.

Cette entrevue solennelle ouvrit des relations fréquentes entre sœur Élisabeth et la jeune fille. Aussi souvent qu'il leur fut possible, madame de Perverie et elle revinrent écouter ses douces et chrétiennes exhortations.

De Nantes au monastère, il n'y avait pas une grande distance; elles accomplissaient le trajet à pied, comme une simple promenade, afin de ne pas éveiller la police révolutionnaire.

Mais, un jour qu'elles se dirigeaient vers le couvent, elles aperçurent de loin une colonne de fumée, panache d'un incendie.

Effrayées, elles s'arrêtèrent sous le poids d'un même pressentiment. La pauvre Trois-Mai tomba à genoux, en s'écriant :

— Mon Dieu ! si c'est le couvent qui est ainsi en

flammes, sauvez ma mère ou permettez-moi de mourir avec elle !

Leur cruelle incertitude ne fut pas de longue durée. Au-devant d'elles s'approchait une charrette flanquée de soldats.

C'étaient des royalistes que l'on dirigeait sur Paris.

Pauvres royalistes ! Triste gouvernement, réduit à craindre de pareils ennemis : trois carmélites et un vieux prêtre !

On avait par le feu détruit leur repaire, c'est-à-dire leur couvent, et parce que la ville de Nantes répugnait à voir guillotiner des gens d'église, on envoyait à Paris ces nouvelles victimes condamnées d'avance.

Parmi elles, Trois-Mai reconnut sa mère.

Je renonce à peindre la terreur de l'enfant et de la marquise de Perverie. Sans hésiter, elles s'élancèrent vers la fatale charrette.

Cette fois, la Carmélite ne put refuser son étreinte maternelle à sa fille.

Ce fut un spectacle à navrer les soldats patriotes.

De Nantes à Paris, elles firent le voyage en mangeant le pain noir qu'on leur distribuait et en chantant des cantiques lorsqu'elles avaient froid ou soif.

Arrivés au lieu de destination, les prétendus royalistes furent enfermés à Saint-Lazare, mais aucune supplication ne put faire admettre Trois-Mai ni madame de Perverie parmi eux.

Le procès des carmélites et du vieux prêtre fut aussitôt fini que commencé ; la voix du geôlier vint les appeler à passer par les mains de l'exécuteur des arrêts criminels du tribunal révolutionnaire.

C'est pourquoi M. le duc de Noyal-Treffléan avait reconnu la sœur Élisabeth-des-Anges dans le lugubre tombereau.

III

— Sauvez ma mère, et je vous aimerai !

Ce cri, dans ses émouvantes syllabes, avait enveloppé le cœur du duc de Noyal-Treffléan.

— Tu m'aimeras?... bien sûr?... répéta-t-il.

— Oui ! oui.

— Et pour toujours au moins, cette fois ?

— Pour toujours ! dit Trois-Mai.

— Mais comment faire? se demanda-t-il; quel moyen employer ?

Il tournait la tête aux quatre coins de la place. Il regardait l'échafaud où Sanson se tenait, coiffé d'un bonnet de fourrure à queue de renard, surmonté d'une cocarde plus large que la main. Il aurait voulu crier :

— Arrête !

Mais cette manifestation lui eût coûté la vie, sans sauver celle de la Carmélite.

Trois-Mai l'interrogeait des yeux avec angoisse.

— Mon père ?...

— Oui... attends... attends... je vais trouver...

Mais il ne trouvait pas, et le temps se passait, et dans moins d'un quart d'heure peut-être tout allait être consommé.

Le premier condamné était au pied de l'échafaud, un vieillard, à qui l'on avait coupé sa dernière poignée de cheveux, à qui l'on avait lié les mains par derrière. Il marchait lentement (cela se conçoit) : le peuple en prenait de l'impatience.

— Allons donc, tas de lambins ! est-ce que vous n'en finirez pas aujourd'hui ?

Cette apostrophe, qui souleva quelque jovialité dans la foule, partait d'un homme en carmagnole, qui, lui aussi, paraissait s'intéresser à l'exécution.

Trois-Mai en fut saisie à un tel point qu'elle faillit en perdre connaissance.

Au contraire, le duc de Noyal-Treffléan fit un haut-le-corps de contentement, et courut à ce particulier, que sa voix venait si heureusement de trahir.

— Soleil! s'écria-t-il.

— Eh bien! quoi? qu'est-ce? dit l'intendant, dont le régime républicain avait considérablement modifié les respectueuses allures.

— Un mot à l'écart.

— Vous choisissez drôlement votre temps, vous! répliqua Soleil; attendez au moins que l'affaire soit bâclée.

— Tout de suite! dit le duc.

— Allons, soit.

Tous deux prirent du champ. Trois-Mai les suivait, effarée, anxieuse...

Lorsqu'ils furent loin des oreilles indiscrètes, le duc parla ainsi :

— Tu vois cette femme... assise... seule... sur le dernier banc de la charrette?

— Oui, c'est la Clarendon.

— Comment le sais-tu?

— Est-ce que je ne lis pas tous les matins l'affiche de Tisset?

Ce Tisset était un libraire qui avait mis pour enseigne au-dessus de sa porte une guillotine coloriée, entre les montants de laquelle étaient inscrits les noms des personnes qui devaient périr dans la journée sur les quatre places affectées aux exécutions : place de Grève, place du Carrousel, place de la Révolution et place du Palais.

Le duc continua :

— Aujourd'hui ce n'est plus la Clarendon ; c'est la mère de Trois-Mai... de ma fille.

— Comme vous voudrez, dit François Soleil.

— Cent mille livres pour toi si tu la sauves !

— M. le duc sait bien que cela m'est impossible.

— Deux cent mille livres !

— Pour trois cent mille, je ne pourrais vous satisfaire.

— Eh bien ! reprit le duc qui surprit un regard suppliant de sa fille, eh bien ! toute ma fortune !

— Vous tenez donc beaucoup à sauver cette femme ? dit Soleil étonné.

— Moi particulièrement ? non, répondit le duc en baissant la voix ; mais c'est ma fille qui y tient.

Et sur un geste de son interlocuteur :

— Que veux-tu, Soleil ?... j'ai des cheveux blancs,

et personne ne m'aime... C'est une faiblesse, je le sais... Empêche qu'on exécute cette religieuse, et ma fortune est à toi.

— Votre fortune... votre fortune... Autrefois c'était quelque chose.

— Tu refuses?

— Non. J'accepte.

Le duc de Noyal-Treffléan contint mal un éclair de joie sous ses cils blanchissants.

— Dépêche-toi, dit-il, car il n'y a pas une minnte à perdre.

— J'entends, répondit François Soleil, mais auparavant nous avons une petite formalité à remplir.

— Quoi encore?

— Oh! presque rien... un simple engagement à signer.

— Un engagement? moi!

— Oui, monseigneur.

— Avez-vous donc perdu la raison, monsieur Soleil?

— Non, citoyen, répondit l'intendant avec effronterie.

Le ci-devant duc sentit le chaud de la colère monter à son visage.

Mais sa fille était là, les mains jointes, qui attendait; et il ne pouvait pas décemment lui marchander la vie de sa mère.

— Oh ! tu me payeras ton insolence, drôle ! grinça-t-il entre ses dents.

Soleil l'entraîna vers une des échoppes qui salissaient la place de la Révolution...

Trois-Mai resta sur le seuil, à genoux, priant Dieu pour sœur Élisabeth-des-Anges.

Mais, malgré elle, ses regards se tournaient toujours vers le chariot de la mort, et malgré elle aussi elle fut témoin d'un affreux spectacle.

C'était l'exécution qui commençait.

Une fois au haut de l'échelle, le premier condamné, le vieillard, se vit empoigné par quatre bras, comme un fardeau, et posé contre la bascule. Puis la bascule fut renversée. Puis elle fut poussée.

Un aide s'assura que le cou était bien dans le cintre.

— Bon, dit-il, le pain est sur la pelle, il n'y a plus qu'à l'envoyer cuire.

— Abaissez la traverse, cria Sanson; ôtez le cadenas maintenant. Bien. A présent, lâchez la déclique.

Le couteau fila, la tête disparut...

Trois-Mai avait fermé les yeux et poussé un cri.

Elle frappa vivement contre la porte de l'échoppe.

— Mon père ! mon père ! hâtez-vous...

— Un instant donc ! répondit la voix grossière de François Soleil.

— O mon Dieu ! disait Trois-Mai.

C'était au tour du deuxième condamné, un jeune homme celui-là... Avant de l'envoyer dans l'autre monde la tête la première, le bourreau examinait sa machine et s'assurait qu'elle pouvait suffire à une ample consommation d'hommes, car c'était une machine neuve, une vierge.

La précédente s'était rompue après avoir tour à tour servi à madame Dubarry, la courtisane sans courage, qui pleurait, criait, donnait des coups de pieds à l'exécuteur; après avoir servi à Chénier et à Louis XVI, à madame Roland la fière et à mademoiselle de Corday la forte; elle s'était rompue, la minotauresse, lasse de donner son coup de dent à tant de monde, et la mâchoire détraquée par sa dernière indigestion de chair humaine.

Sanson donnait donc un œil de tendresse et de vanité à ce nouveau et cher petit rasoir national, qu'il venait si bien d'étrenner. Il le flattait de la main, l'examinait du haut en bas et le trouvait irréprochable. Il se disait qu'il ne pouvait manquer de lui en revenir beaucoup d'honneur dans le monde. Ce Sanson aurait pu être surnommé l'homme-guillotine. Il n'avait pas son semblable pour manier un échafaud : il le dressait et l'emmanchait ; il posait les jumelles sans fil à plomb. Avec lui, tout était en place, les traverses, les tenons, la barre, rien n'y manquait, et le mouton jouait on ne peut mieux dans sa rainure graissée.

A cette époque, on ne suffisait pas à fabriquer ces mécaniques ; c'était Sanson qui présidait à leur confection, et qui les expédiait dans les départements, après avoir numéroté lui-même chaque morceau et y avoir joint des instructions complémentaires écrites de sa propre main. Ces commandes se succédaient avec une telle rapidité que souvent on n'avait pas le temps de les peindre à la belle couleur rouge.

Sombre roi couronné de fer, bourreau, toi qui as si longtemps régné sur la France et qui, après lui avoir mis les menottes, lui as tiré tant de sang! grand dénoueur de tragédies, acteur shakespearien d'une pièce inconcevable, Sanson, vieux Sanson! est-ce que le sommeil de ta tombe (car tu as une tombe et tes victimes n'en ont pas) n'est jamais troublé par des visions de chemises rouges et par des processions de gens décapités ? J'ai vu une gravure qui te représente debout sur ton trône, qui est de pourpre aussi ; et, dans cette gravure, chaque pavé de la place de la Révolution est une tête montée sur un clou : un millier de têtes sur autant de clous! Toutes ces têtes se tournent vers toi pour te maudire; les unes ont les larmes aux yeux, les autres te bravent et te regardent; elles semblent t'attendre au tribunal de là-haut. Sanson! est-il possible que tu dormes dans un des cimetières de Paris, comme le premier bourgeois quelconque, sans que tes victimes s'en viennent toutes les nuits te tirer par les jambes en te disant : « *Rends-nous nos têtes!* »

Pour moi, il me semble les entendre à travers les

arbres. Celle-ci te dit : « J'étais un savant illustre, une des gloires sérieuses du pays ; j'avais demandé trois jours à la Convention pour achever un problème utile, on m'a refusé trois heures ; *rends-moi ma tête !* » Celle-là te dit : « J'avais seize ans, j'étais une jeune fille, presque une enfant, j'étais chérie et belle ; on m'envoya à la mort pour m'avoir surprise toute tremblante dans l'escalier de Robespierre à qui j'allais demander une grâce ; *rends-moi ma tête !* » De toutes parts, sous la terre qui se lève, on n'entend que ce cri, sorti de mille troncs sanglants : « *Rends-moi ma tête !* »

Il se peut que Dieu te pardonne, ô Sanson ! car Dieu a la sublimité de la miséricorde. Mais quelle ne devra pas être l'infinité de ton repentir, vieux bourreau de France, tueur de roi, tueur de reine, tueur de princes, tueur de mères et d'enfants ? Combien d'éternités il te faudra pour te laver du fleuve de malédictions qui coule sur toi !

Revenons à nos faits.

Au pied de l'échafaud neuf, dansaient et chantaient celles que l'on avait surnommées furies de guillotine et qui s'enorgueillissaient de ce surnom.

Elles étaient bien douze au moins, dignes toutes les douze des créations des poëtes les plus forcenés.

Autrefois elle avaient été des femmes...

Elles se tenaient par la main et répétaient en chœur, après chaque tête tombée, ou après chaque saut de carpe, pour leur emprunter une de leurs expressions, elles répétaient le national refrain :

Ah! ça ira, ça ira!
Les aristocrates, on les pendra;
Par la liberté tout s'établira.

Ces danses et ces chants que Trois-Mai entendait et voyait, augmentaient sa frayeur.

Pour la seconde fois elle heurta contre la porte de l'échoppe, en s'écriant :

— Mon père... ô mon père!... il sera trop tard...

A la fin, le duc de Noyal-Treffléan reparut. Il venait de signer à François Soleil l'entière donation de ses biens, lesquels, quoique fortement écornés par les prodigalités du propriétaire, étaient encore considérables.

— Mais me voilà ruiné ! avait-il dit.

— Non, monseigneur ; jusqu'à la fin de vos jours je m'engage à vous procurer surprises et plaisirs comme par le passé.

— Allons ! pensa le duc ; ma fille m'aimera...

François Soleil, son acte en poche, s'élança vers l'échafaud qui fonctionnait rapidement.

Un, deux, trois, quatre condamnés s'étaient succédé sur la planchette ; le cinquième montait à l'échelle, et en montant il riait au nez de la foule.

— Hue ! l'aristocrate, hue ! criaient les furies indignées ; va éternuer dans le sac ! va rire dans le panier, mon fifi !

Le condamné, qui avait beaucoup de sang-froid, cracha sur elles, une fois qu'il fut monté.

C'était un charmant garçon.

Un jeune vicomte, je crois.

Mais bien lui en prit d'être poussé promptement sur la bascule par l'aide-bourreau et d'être en une seconde débarrassé de sa tête ; car les furies, parmi lesquelles avait couru un frémissement de rage, s'étaient précipitées à la fois sur les degrés de la guillotine.

Une seconde plus tard, elles l'eussent égorgé de leurs mains, déchiré, mis en pièces!

Soleil profita avec habileté de ce mouvement pour se glisser parmi les valets de l'exécuteur. Il frappa sur l'épaule de l'un d'eux et lui parla à l'oreille.

Celui-ci fit un geste de tête négatif, et lui montra du doigt un autre valet, le maître-valet, qui s'occupait avec Sanson à repousser les femmes.

Près de la statue de la Liberté où ils s'étaient retirés, le duc de Noyal-Treffléan et sa fille suivaient cette scène avec l'intérêt que l'on comprend.

Le regard de Trois-Mai se partageait entre l'échafaud, où se débattait une question de vie ou de mort, et le tombereau sur lequel sœur Élisabeth-des-Anges murmurait une suprême oraison dont elle croyait bien que l'*amen* allait être prononcé par le couperet.

Soleil joignit sur l'échelle le maître-valet, qui était un de ses intimes, et lui expliqua l'affaire en peu de mots, car ni l'un ni l'autre n'avaient le temps de causer.

Le maître-valet haussa les épaules et voulut remonter; alors Soleil tira le papier signé du duc, et le lui montra.

Ce colloque s'échangea entre eux :

— Laisse-moi.

— Veux-tu cinquante mille livres ?

— Allons donc, c'est ma tête pour sauver celle de ta religieuse; pas si bête. Va-t'en.

— Combien donc?

— Rien du tout; Sanson est terrible, il me tuerait. Descends.

Soleil descendit.

Pendant ce temps-là, le maître-valet réfléchissait.

Il rappela Soleil, alors que le pied de celui-ci abandonnait le dernier échelon.

— Le partage! lui dit-il.

— Soit, répondit l'autre.

Sanson pourchassait toujours les furies en leur disant :

— Vous voyez qu'il est bien mort; est-ce que Sanson manque jamais son coup? Allons, tenez-vous tranquilles, on va vous montrer sa tête...

Tandis que Sanson parlait ainsi, le maître-valet avait prestement remonté le couteau de la guillotine et avait tout mis en œuvre comme pour l'exécution qui allait suivre, lorsque tout à coup, au moment où l'on s'y attendait le moins, le couteau mal fixé descendit et s'abattit à faux sur un sac de cuir renfermant une hache de main, des tenailles et plusieurs autres instruments de fer.

Il y eut un broiement sourd.

Le couperet était ébréché en plusieurs endroits.

Quand il vit Sanson accourir, après avoir lâché le plus tempétueux de ses jurons (un juron de bourreau !), l'imprudent valet eut envie de se précipiter en bas de l'échafaud; mais la première pensée de l'exécuteur n'avait été que pour son couperet.

Un si beau couperet ! et neuf comme sa guillotine ! Voilà qu'il ne pouvait plus servir maintenant.

On imagine bien que, lorsque Sanson se retourna pour châtier l'auteur d'un tel méfait, on imagine bien, dis-je, que celui-ci avait disparu.

— Allons, grommela le bourreau, remettons la partie à demain...

Il ne restait plus dans la charrette que deux condamnés, le vieux prêtre et la Carmélite.

Le peuple murmura bien un peu; mais quoi! l'instrument faisait défaut, et Sanson avait donné assez de preuves de civisme pour qu'on ne l'accusât pas de connivence avec le hasard.

Quelques furies cependant, qui voyaient à regret leur échapper cette proie, lui conseillèrent de recourir à la pendaison; il leur répondit qu'il devait strictement se conformer aux instructions du comité du Salut public.

La charrette se remit donc en route, au grand étonnement des deux condamnés et à la joie profonde de Trois-Mai.

— Ce Soleil est vraiment un maraud incomparable! pensait le duc de Noyal-Treffléan qui avait apporté à l'examen de cet épisode la triple attention du père, du propriétaire et de l'amateur.

De son côté, François Soleil n'eut pas plutôt vu le tombereau disparaître après avoir tourné les Tuileries, qu'il hâta le pas.

— Tout n'est pas fini; il s'agit maintenant d'obtenir la grâce de la religieuse ; courons chez Robespierre.

La place de la Révolution se vida peu à peu.

Il n'y resta bientôt plus que le père et la fille.

Celle-ci allait se retirer, lorsque le duc lui dit ;

— Vous êtes faible et souffrante, laissez-moi vous accompagner.

Après le sacrifice qu'il venait de faire en faveur de sa mère, Trois-Mai aurait eu mauvaise grâce à le refuser.

Elle s'appuya donc sur son bras, et silencieusement contraints, tous deux arrivèrent devant une modeste maison de la rue de Thionville.

Là, Trois-Mai s'arrêta en baissant les yeux.

— Puis-je entrer? demanda timidement le duc de Noyal-Treffléan.

Elle hésita.

— J'habite avec madame de Perverie, répondit-elle.

Le duc fit une grimace à ce nom.

— Je comprends, murmura-t-il.

Et il ajouta avec quelque amertume :

— Madame de Perverie m'empêchera-t-elle de pénétrer chez ma fille?

— Non, dit Trois-Mai avec un angélique sourire; elle et moi nous viendrons vous ouvrir le jour où vous nous ramènerez ma mère.

IV

Robespierre était seul dans son cabinet.

Il venait de sortir de la Convention, avec son escorte composée de Nicolas le Noir, de Didier, de Girard et de plusieurs juges du tribunal.

Au moment d'arriver chez lui, une partie de l'escorte se séparait, allait ouvrir la porte avec empressement, et attendait l'ex-avocat d'Arras, qui se présentait toujours avec un air de grande importance.

Il était seul dans son cabinet.

Ses traits comme son caractère s'étaient sensiblement assombris depuis ces dernières années. Ses yeux petits et ternes s'étaient rougis de taches sanglantes. Pâle déjà de sa mort future, comme on l'a dit, la peur qu'il avait portée dans les âmes commençait à retomber dans la sienne.

Un grand nombre de lettres jonchaient son bureau. Il les décachetait avec une curiosité fébrile et les parcourait.

C'étaient des rapports de police et des messages d'agents révolutionnaires.

Un de ces papiers suffira pour faire juger de la nature de tous les autres :

« Hier, le député Thuriot, au sortir de la Convention nationale, est allé rue des Fossés-Saint-Bernard, section des Sans-Culottes, n° 1220, où il est entré pour dîner. Il est sorti de cette maison à sept heures et demie; il a ensuite rencontré un citoyen sur le quai de l'École, section du Muséum, proche le café Manoury, où ils sont entrés et ont bu ensemble une bouteille de bière. Après, il est allé rue d'Orléans-Honoré, maison de la Providence, meublée, n° 16, où il s'est arrêté environ vingt-cinq minutes. Il est sorti à huit heures et demie, avec une citoyenne qui avait une lévite couleur puce et un grand châle à bordure de couleur, jupon blanc, et sur sa tête un mouchoir blanc arrangé de manière qu'il formait un bonnet. Ils sont allés ensemble jardin Égalité où ils ont fait plusieurs tours, après lesquels ils sont allés place Égalité, au n° 163. Ils y sont entrés à neuf heures et demie, ils ont soupé, et à onze heures ils n'en étaient pas encore sortis. Je me suis retiré, n'étant pas certain s'ils en sortiraient. »

— Imbéciles agents ! niais ! murmura-t-il.

Robespierre décacheta encore quelques autres rapports sur Tallien, qui depuis deux ou trois jours avait des conversations mystérieuses avec *un homme au gros bâton, en veste rouge et blanche à grandes raies ;* sur Bourdon (de l'Oise) *qui bâillait à la Convention* pendant que l'on apprenait les nouvelles avantageuses; sur Legendre, sur Barère, sur tout le monde enfin.

Il ne vit rien qui l'intéressât.

Quant aux dénonciations, elles ne portaient que sur de pauvres diables indignes de la mort, indignes de la vie; c'étaient des commérages dans le genre de celui-ci, signé par une femme Labesse, rue de l'Égalité :

« On peut envoyer chercher la citoyenne Fiot et la nommée Lacroix, qui demeurent même rue que moi, n° 336. Un jour, étant chez moi, je ne me souviens pas du commencement de leur conversation, parce que j'étais occupée à quelque chose; mais ce qui m'a frappée, c'est que la citoyenne Fiot se mit en colère et dit à la Lacroix : « — Tais-toi donc, à t'entendre il semblerait que Robespierre est un intrigant. » Elle lui prit la main et lui dit : « — Tu as mis le nez dessus, tu mangeras de la bouillie. »

Impatienté, Robespierre déchira plutôt qu'il n'ouvrit cinq ou six lettres encore, toutes d'écriture inconnue, lettres anonymes celles-là, lettres de menace et de fureur.

Une d'entre elles le frappa cependant; voici ce qu'elle disait :

« Tu vis encore, tigre imprégné du plus pur sang de la France ! tu vis encore !... Écoute, lis l'arrêt de ton châtiment. J'ai attendu, j'attends encore que le peuple sonne l'arrêt de ton trépas, que juste, dans sa fureur, il te traîne au supplice. Mais si mon espoir était vain, s'il était différé, écoute, lis, te dis-je : cette main qui trace ta sentence, cette main que tes yeux égarés cherchent à découvrir, cette main qui presse la tienne avec horreur, percera ton cœur inhumain... Tous les jours je suis avec toi, je te vois tous les jours; à toute heure mon bras levé peut chercher ta poitrine... O le plus scélérat des hommes, vis encore quelques jours pour penser à moi! dors pour rêver de moi! Que mon souvenir et ta frayeur soient le premier appareil de ton supplice!... Adieu, ce jour même en te regardant, je vais jouir de ta terreur. »

Robespierre achevait à peine la lecture de cette effrayante épître, qu'un léger bruit de pas se fit entendre derrière lui.

Il se leva, épouvanté...

Il croyait déjà apercevoir son futur assassin!

Ce n'était que son secrétaire, qui venait prendre ses ordres.

Robespierre se remit avec promptitude, et, rejetant froidement la lettre anonyme sur son pupitre :

— Il me semblait que je t'avais défendu d'entrer dans mon cabinet avant que je t'eusse fait prévenir, citoyen Émile!

— Si ma présence te gêne, Robespierre, je suis prêt à me retirer.

— Non, demeure. Toute cette correspondance me fatigue. Je ne sais ce que j'éprouve aujourd'hui, mes mains sont moites et j'ai du feu dans la tête. Assieds-toi, et prends cette liasse ; ce sont les rapports des départements. Ne me lis que les faits essentiels.

Pendant qu'il parlait, le secrétaire Émile, — c'était notre héros, — l'examinait avec attention. Il avait été surpris, en entrant, de l'altération des traits de Robespierre. Émile s'assit sans prononcer une parole, et commença le dépouillement qu'on lui commandait.

— Eh bien? dit Robespierre après un instant.

— C'est d'abord Pilot, qui t'écrit de Ville-Affranchie que sa santé se rétablit chaque jour par l'effet de la destruction des aristocrates. La fusillade et la guillotine ne vont pas mal, dit-il ; soixante, quatre-vingts, *deux cents à la fois sont fusillés,* et tous les jours on a le plus grand soin d'en mettre tout de suite en état d'arrestation pour ne pas laisser de vide dans les prisons.

— Est-ce tout?

— Il te prie encore d'abonner au *Journal des Dé-*

bats et à celui de *la Montagne* l'administration du district de Ville-Affranchie.

— Ceci te regarde, citoyen Émile. Prends-en note.

— Je crois, ajoute Pilot, que la présente trouvera ma femme auprès de toi; embrasse-la bien pour moi, *et pour toi si tu veux.* Il dit encore qu'il s'occupe de te faire passer plusieurs paires de bas.

— A une autre, fit Robespierre.

— Celle-ci est de Payan, contenant sous son pli un rapport du citoyen Benêt, greffier de la commission populaire d'Orange.

— Voyons le rapport du citoyen... Benêt.

« Je t'envoie ci-joint, mon cher ami, quelques exemplaires des premiers jugements de la commission; tu les recevras exactement à l'avenir. Je me charge d'autant plus volontiers de cette tâche, qu'ayant été toi-même acteur anti-fédéraliste dans le Midi, tu ne pourras voir qu'avec plaisir tomber les têtes contre-révolutionnaires. Depuis primidi, plus de soixante scélérats ont courbé le front; le peuple a applaudi avec transport à leur chute. Tu connais la position d'Orange; la guillotine est placée devant la montagne. On dirait que toutes les têtes lui rendent en tombant l'hommage qu'elle mérite ; allégorie précieuse pour de vrais amis de la liberté ! Cela va, et ça ira ! adieu, mon ami, je t'embrasse. »

— Ce Benêt vaut mieux que son nom, objecta Robespierre en souriant ; il faudra lui confier un poste et un emploi de plus d'importance. Continue, citoyen Émile.

Émile continua.

La correspondance était longue ; elle était surtout monotone. De toutes parts on n'informait le tyran que de la grande transpiration révolutionaire, pour parler comme Collot-d'Herbois. Oui, ce devait être fatigant, ainsi que le disait tout à l'heure Robespierre. Toujours la guillotine, toujours des têtes, toujours le han ! du bucheron qui met sa coignée dans un arbre. Et ici l'arbre c'était la France. Il y avait de quoi donner des vertiges, même à Robespierre, surtout à Robespierre. Il est des heures où l'optique des événements s'embrouille tout à fait aux yeux des hommes placés sur le pic du pouvoir. Ils regardent encore, mais ils ne voient plus.

Comment Émile était-il devenu le secrétaire de

Robespierre? Le comment de certaines existences révolutionnaires sera toujours bien difficile à expliquer. Comment Henriot, cet épousseteur de guéridons, était-il devenu général de Paris? Comment Danton avait-il dépensé, bu et mangé tant d'argent? Comment tous ceux qui étaient en bas s'étaient-ils trouvés soudainement en haut? Dire cela, c'est dire comment les révolutions se font, c'est éventer le secret de la destinée.

Émile avait roulé dans tous les chemins de la république; il avait suivi chaque idole du jour, depuis Sylvain Bailly jusqu'au Neufchâtellois Jean-Paul Marat. Il avait interrogé tous les systèmes et tous les hommes. Il s'était mêlé au peuple, d'où il était sorti et où il aurait voulu rentrer; mais le peuple l'avait repoussé comme trop réfléchi dans l'action.

De système en système il en était venu à la terreur, d'homme en homme il en était arrivé à Robespierre. Avec quelle répugnance n'accomplissait-il pas ses fonctions auprès de lui! Mais il fallait marcher, marcher comme la Révolution; nul ne pouvait impunément se détourner ou s'arrêter en chemin.

Ils l'eussent broyé, ceux qui venaient par derrière. D'ailleurs, une rage secrète poussait Émile, il voulait voir la fin de son rêve et assister au dernier soupir de son illusion...

Ce jour-là, Robespierre se retira de bonne heure dans son appartement.

Émile, après avoir mis en ordre tous les papiers de correspondance, allait sortir à son tour lorsqu'il se trouva face à face avec François Soleil.

Émile avait un profond mépris pour ce valet, reflet odieux de son maître.

Aussi ne chercha-t-il pas à dissimuler sa contrariété.

— Vous ici? dit-il en le toisant.

— Est-ce que cela vous étonne? répondit François Soleil; vous y êtes bien vous-même.

— Que voulez-vous?

— Un service, puisqu'il faut parler bref.

— De moi?

— De vous.

Un sourire ironique passa sur les lèvres d'Émile, Soleil le laissa passer.

— Savez-vous, reprit-il avec une imperceptible

nuance de sarcasme, que vous êtes devenu un homme influent depuis que vous avez l'honneur d'approcher le grand, le sublime, l'incorruptible Robespierre?...

— Je suis pressé, dit Émile qui voulait briser cette conversation.

— Je comprends, répliqua Soleil; quelques arrestations à ordonner sans doute, des exécutions nouvelles. Ah! vous allez bien en besogne, recevez mes compliments, on vous renomme partout.

Émile frémit.

— Venez au but, dit-il.

— Le but, le voilà. Il vous surprendra, n'importe. Je viens vous demander la grâce d'une pauvre femme qui doit être exécutée demain.

— La grâce d'une femme? vous venez me demander une grâce, vous!

— Moi.

— En vérité, je ne sais lequel des deux est le plus étrange, ou du mot ou de l'homme qui le prononce. Une grâce! mais le tribunal lui-même ne pourrait vous l'accorder!

— Aussi n'est-ce pas au tribunal que je m'adresse.

— Mais Robespierre, entendez-vous bien, Robespierre ne saurait l'obtenir qu'à grand'peine!

— Aussi n'est-ce pas à Robespierre que je la demande.

— A qui donc?

— A vous, dit tranquillement François Soleil.

Émile le regarda bien entre les deux yeux, pour s'assurer s'il ne se moquait pas ou s'il n'était pas fou ; puis il haussa les épaules.

— Je vous répète que je suis pressé, laissez-moi partir.

— Vous ne m'avez pas répondu au sujet de cette grâce, continua Soleil qui ne s'émouvait de rien.

— C'est impossible.

— Impossible?

Émile fit trois pas vers la porte pour se débarrasser de son interlocuteur.

— Alors, c'est dommage, dit flegmatiquement celui-ci ; car la pauvre femme pour qui je venais vous implorer ne vous est pas entièrement inconnue.

— Adieu.

— C'est la mère de Trois-Mai.

— Hein?

A ce nom, Émile s'était brusquement arrêté.

Il courut au valet et lui saisit le bras.

— Qu'est-ce que vous avez dit?... Quel nom avez-vous laissé échapper? La mère...

— La mère de Trois-Mai, oui, citoyen Émile.

— Elle doit périr demain sur l'échafaud?

— Elle devait même périr aujourd'hui, mais le coup a manqué. Ne le saviez-vous pas?

— O mon Dieu! mon Dieu! s'écria le jeune homme au comble du désespoir.

François Soleil le regardait en dessous.

— Eh bien? demanda-t-il après un moment de silence.

— Hélas! dit Émile, que voulez-vous que je fasse? je ne suis rien, je ne puis rien. Mon cœur est déchiré, mais ma volonté est impuissante.

— Trois-Mai en mourra.

— Comment faire? A qui m'adresser?

— A Robespierre, parbleu!

— Ah! s'écria-t-il, vous ne connaissez donc pas Robespierre, vous qui venez me parler de grâce dans sa maison!

— Un blanc-seing de lui suffirait.

— Jamais il ne m'en laisse.

— Il faut vous en procurer.

Émile réfléchissait.

Tout à coup une résolution énergique s'imprima sur sa physionomie et, se frappant le front :

— Soit, s'écria-t-il; demain la mère de Trois-Mai sera sauvée, ou moi je serai mort!

— Mort... mort... murmura Soleil, cela ne ferait pas mes affaires.

— Partons!

— Mais quel est votre moyen?

— C'est mon secret! répondit Émile en l'entraînant.

V

Jetons un coup d'œil sur le Paris de la Terreur et essayons de reconstruire avec la plume cette arène de pierre et de bois, qui se renouvelle tous les cinquante ans. Rebâtir une maison, c'est remettre debout une idée. Vivez dans la rue si vous voulez bien connaître votre siècle. D'autant mieux que la vie en dehors a toujours été la vie des Français, et que s'ils n'habitent pas de maisons de verre, c'est qu'ils sont encore à trouver un architecte.

Tout était peuple dans Paris, sous la Terreur, ou du moins tout était peuple par le costume. Plus de fracs à paillettes, plus de soutanes, plus de livrées. La loi du niveau avait surtout été mise en exécution par les tailleurs. Peuple de frères, oui, mais peuple de frères mal habillés. La soie est une corruption, la bure est un progrès. Et le capucin Chabot avait fait fureur avec sa veste de sans-culotte, sa chemise ouverte à la poitrine et ses pieds nus dans ses gros souliers. « Ah! voilà un républicain, » s'était-on écrié; « voilà un Spartiate, celui-là! A la bonne heure! »

Ce peuple se contentait donc des maisons vieilles qu'il n'avait pas démolies, et il ne se pressait pas d'en bâtir de nouvelles. Il avait fait son lit dans la ville de Louis XV et de Louis XVI, et il achevait d'user les matelas. Les excès du cynisme avaient remplacé les excès de la coquetterie : Crispin était devenu président de section et Lisette sous-secrétaire de la Société des femmes révolutionnaires, qui tenait ses séances dans le charnier de l'église Saint-Eustache.

Du reste, il n'y avait pas un monument que la Terreur n'eût souillé. Prenons le plus admiré, le plus respectable, le plus antique de nos temples, prenons Notre-Dame. Qu'avait-on fait de Notre-Dame? un endroit à boire, où des filles d'Opéra venaient chanter des hymnes à la déesse Raison;

un théâtre dont Robespierre et la Harpe s'étaient constitués les principaux acteurs. Saint parvis! n'as-tu pas vu des goujats, montés à rebours sur des ânes affublés d'étoles et sur des mulets couverts de chasubles, prendre le menton à des bacchantes couronnées de chêne qui portaient la croix d'argent! — Encore était-ce peu de chose, la profanation de Notre-Dame. Mais des autres églises on avait fait pis. Quelques-unes étaient devenues des sérails, des magasins d'épicerie ou des salles de bals. Le temple André-des-Arcs abritait les plus impossibles orgies. Saint-Eustache, aux jours de fêtes, convertissait ses chapelles en petits restaurants, où la nappe était mise et où femmes, enfants, vieillards, venaient dévorer du jambon, des andouilles, des viandes froides et des pâtisseries. Une décoration représentant des rochers et des arbres avait pris la place du maître-autel et du chœur. A Saint-Gervais, les femmes du marché Saint-Jean entraient avec leurs éventaires; toute l'église sentait le hareng; il y avait contredanse dans la chapelle de la Vierge. Sur la place de Grève on brûlait les reliques de Sainte-Geneviève, une vierge du peuple cependant! Mais lorsque le peuple règne, épargne-t-il les siens?

La seule, la grande église d'alors, le Westminster de la France (ô ridicule!), c'était le Panthéon, où les grands hommes sont enfouis dans des caves; le Panthéon, où la Convention, à court de célébrités, envoya un jour les restes d'un général qui s'était brûlé la cervelle. Gloire au suicide! *Panthéoniser*, *dépanthéoniser*, deux mots nouveaux dont s'augmenta le dictionnaire.

Procédons toujours par grands édifices. Nous apercevons les tours du Temple qui élèvent dans les airs leurs flèches. Où donc est le fiacre qui mena au supplice le roi cahoté, en compagnie d'Anaxagoras Chaumette et du gracieux Hébert, cet élégant jeune homme, si différent de l'idée qu'on se fait du père Duchesne? Le Temple! à ce nom il me semble entendre le bruit douloureux que fait sur l'épaule du dauphin le tire-pied du cordonnier Simon. Le Temple a été chanté par ce pauvre Régnault-Warin dans plusieurs de ses romans, et notamment dans celui qui est intitulé *le Cimetière de la Madeleine*.

Ici l'Hôtel-de-Ville, où s'est nouée la Révolution et où elle sera dénouée; l'Hôtel-de-Ville, Capitole et roche Tarpéienne à la fois; palais chef-d'œuvre, dont le bourreau s'est fait concierge, et d'où l'on n'a que deux pas à faire pour se rendre à l'échafaud.

Tout auprès, le Palais-de-Justice, menteur à son nom, où siége le tribunal révolutionnaire, dans la grande chambre du Parlement. Voyez-vous cette multitude dont le haut escalier est encombré? elle pousse des cris de joie et vomit des insultes; c'est la horde gagée pour applaudir à la condamnation des victimes. Patience! celui qui a créé le tribunal révolutionnaire, Danton, périra bientôt par le tribunal révolutionnaire. L'ouvrier sera tué par son œuvre.

Le Luxembourg! prison et jardin, larmes de détenus et chants d'oiseaux, voilà ce que la Terreur avait fait du Luxembourg. Trois mille personnes des deux sexes remplissaient le palais du haut en bas, pêle-mêle, sans pudeur. C'était ce que le gouvernement nommait *notre magasin à guillotine*. Le directeur, un homme qui avait de l'imagination, avait trouvé le moyen de mettre en prison la prison elle-même, en faisant construire tout alentour un mur en planches de dix pieds de hauteur, afin d'éviter toute communication entre les prisonniers et le public.

Là-bas, ce sont les Invalides, sur l'esplanade desquels la Convention nationale faisait élever alors un rocher colossal au sommet duquel Hercule, avec sa massue, était représenté foulant aux pieds le *Fédéralisme*; tout cela, d'après les dessins du peintre David, cet énergumène citoyen.

La Terreur humiliait, par tous les moyens possibles, ses monuments. Après avoir balafré les Tuileries, elle faisait du Palais-Royal quelque chose de dégoûtant et à quoi ni le cardinal Dubois ni la Fillon n'avaient osé songer. De ce brillant jardin où l'esprit et l'amour se promenaient de compagnie, la Terreur avait fait une boutique, une tabagie et le reste. *A la débauche!* tel aurait dû être le titre inscrit au fronton de la Maison-Égalité. Les peintres n'auront jamais de couleurs assez crues, les écrivains assez de métaphores égouttières pour dépeindre cette caverne illuminée. Telle arcade renfermait, dans la même maison, une académie de jeu, un armurier et un ancien prêtre; de manière que, sans sortir, on pouvait facilement se ruiner, se confesser et se tuer. Aussi, était-ce une habitude de dire : « Ah! il n'y a qu'un Palais-Égalité au monde! » Ceux qui ont vu les scandales permanents du Cirque et des galeries en ont encore des étincelles dans les yeux; la Terreur avait installé-là ses délassements; c'était là que les gouvernants venaient faire leurs fredaines; là que se tenaient les conférences célèbres entre Journiac de Saint-Méard, le libraire Desenne et un chef de cuisine qui portait un jabot si volumineux qu'on l'appelait le *représentant des jabots*.

Le Palais-Égalité n'était pas seulement concentré dans le jardin et dans les galeries, il l'était surtout dans les caves. Par des soupiraux ardents, vous aperceviez des troupeaux de nymphes qui bondissaient au son d'un orchestre d'aveugles. Le feu des cuisines brûlait vos pieds. Dedans, dessous, tout était délire, luxure, lumière, cris, bras nus, souliers crevés à la danse, apostrophes, baisers, bouchons sautants, bouquets à terre. C'était le beau temps du punch qui commençait : tout le monde prenait du punch et sentait le punch. Vu de haut, la nuit, de la butte Montmartre, par exemple, le Palais-Égalité semblait un incendie dévorant un coin de Paris, une gueule de volcan soufflant la flamme bleue et jaune. Cette grande lueur s'épanchait aux alentours et éclairait la rue Honoré jusqu'à la barrière des Sergents, et s'en allait mourir dans les repoussantes petites rues qui avoisinaient le Louvre, telles que la rue Froidmanteau, la rue du Chantre, où avait demeuré Crébillon fils, la rue des Poulies et la rue Pierre-Lescot. On voit que la République avait son fanal, fanal mugissant, qui semblait dire à l'honneur, à la vertu, au talent, au patriotisme : « N'approchez pas ! »

Ce point excepté, ce n'était dans Paris que tourbe, obscurité, tristesse. Après la Maison-Égalité, il n'y avait plus qu'un monument : la Conciergerie. Une prison et un lupanar, c'était Paris sous la Terreur.

Les beaux quartiers étaient déserts. Désert, le faubourg Germain, désert le faubourg Honoré. Toute la population s'était tassée, reculée, dans le Paris dédalien de la Cité, du quartier Latin et de l'Hôtel-de-Ville; même ceux qui menaient la population, les représentants du peuple, la tête du parti, les savants, les écrivains. Voici la petite rue du Paon où demeurait Chaumette; l'étroite cour du Commerce où demeurait Danton; le cloître Benoît, résidence de Lalande, premier athée de France, à qui plus tard le Premier Consul ordonna d'avoir à croire en Dieu sous un délai de vingt-quatre heures; la rue des Deux-Portes habitée par Anacharsis Clootz, l'orateur du genre humain; la rue de la Perle, laide et obscure, que le beau Tallien avait choisie.

Cet amour du laid, qui s'étendait des maisons aux costumes et des costumes aux personnes, était entretenu par l'effroi de la classe bourgeoise, restée sans force pour la résistance, et qui, maintenant, en était réduite à se modeler sur le peuple, afin d'être confondue avec lui; de la classe bourgeoise, qui n'osait plus donner signe de richesse ni même d'aisance, qui ne bâtissait plus, qui se tenait coite. Du reste, la stupeur était si profonde et si générale, comme le rapporte un chroniqueur, que si l'on eût dit à un particulier : « A telle heure la charrette passera devant ta maison, tu descendras et tu t'y placeras! » Le particulier serait descendu, aurait attendu la charrette et s'y serait placé.

Tout concourait à justifier cette stupeur. Un bourgeois ne pouvait sortir de chez lui avec sa femme et sa fille sans risquer de se trouver face à face avec les *tape-durs*, qui le rudoyaient pour peu que sa figure leur déplût ou que sa cocarde ne fût pas bien mise. On appelait ainsi une compagnie de scélérats armés de ces bâtons tortus qu'on désignait sous le nom de *constitutions ;* c'étaient les janissaires du comité de sûreté générale; ils n'allaient que par bande d'au moins de douze; leur point de réunion était le café de Chrétien, juge au tribunal révolutionnaire.

Si l'on ne rencontrait pas les tape-durs, on se croisait inévitablement avec la charrette mortuaire, ou bien avec la voiture du rapporteur qui la précédait et qui était montée par une sorte de bète brute, que l'on a vu pendant dix-huit mois vomir en se retournant des imprécations atroces sur les condamnés.

On conçoit que la pluralité des Parisiens se contristât d'un tel spectacle et que le caractère français en reçût un contre-coup momentané.

Le gouvernement ne faisait aucun frais pour égayer la population; il laissait ce soin aux hommes de la rue, aux saltimbanques, aux diseurs de bonne aventure, à ceux qui cassent des noyaux de pêche avec leur derrière, à tous les Galimafrés du Pont-Neuf et de la place Germain-l'Auxerrois. De fait, jamais les histrions n'eurent plus d'agrément que sous la Terreur; on les laissait danser, jongler, jouer de la trompette, exhiber des phénomènes, prendre des bains de plomb bouillant. Ils étaient heureux, et jamais on ne les paya en assignats.

Il y avait aussi affluence de bouquetières, essaim qui remplissait les boulevards. Le procureur de la commune en avait fait ses espionnes de prédilection; elles grimpaient aux voitures, elles forçaient les portes des maisons, elles entraient partout, malgré les valets et malgré les maîtres, même quand on était à table.

Pour les théâtres, jamais ils n'avaient tant afflué, jamais ils n'avaient été plus curieux, et jamais pourtant ils n'avaient été moins suivis. Vainement se faisaient-ils aussi horribles et aussi extrêmes que les événements, la foule ne s'y rendait qu'avec répugnance et comme elle se serait rendue dans un club où il aurait fallu payer sa place. C'est que rien n'était moins gai que les pièces de Sylvain Maréchal, d'Aristide Valcour et même du citoyen Laya, si courageuses que fussent celles-ci ; mais le moyen d'amuser avec des héros appelé Duricrânes et Nosophage, comme dans l'*Ami des lois*; le moyen de rire à gorge déployée en voyant le roi d'Angleterre, le pape et Catherine de Russie se jeter couronnes et tiare à la tête, et se colleter pour dévorer un morceau de biscuit, comme dans le *Jugement dernier des rois*. Passe encore pour la *Sapho* de la citoyenne Delthéïs Pipelet, devenue plus tard princesse de Salm !

Puis, les acteurs avaient fini par trop s'identifier avec leurs rôles. On sait combien d'acteurs ont pris part au grand drame politique : Dugazon, le spirituel valet du Théâtre-Français, valet qui ne voulait pas de maître; Trial, le confident de Robespierre; Collot d'Herbois, dont l'espérance était de faire tomber toutes les têtes dont les bouches l'avaient sifflé; Dorfeuille et Grammont; Fusil, Bordier et plusieurs autres. Aussi les comédiens ne faisaient-ils pas plus rire que les pièces.

Cependant on se serait bien encore laissé aller de temps en temps; mais par malheur il arrivait quelquefois que les représentations étaient troublées par les actes arbitraires de l'inspecteur Marino, membre de la commune et administrateur de police, qui ouvrait les loges et en faisait sortir les femmes honnêtes à grands coups de pied, — ce qui nuisait un peu à l'illusion et à l'optique théâtrale.

Voyez-vous, il faut tâcher d'oublier le théâtre de la Terreur. Cela a pu être pittoresque, mais cela a été barbare, déclamateur, bourbeux. Pigault-Lebrun, qui a cru faire le farceur en mettant en scène des dragons et des bénédictines, n'a été que choquant et brutal. Je lui préfère de beaucoup le Cousin Jacques, qui rimait des opéras-comiques où l'on voyait de braves paysans aux grosses joues et de petites filles en bavolets qui s'évertuaient à chanter : *Gnia pas d'mal à ça, Colinette, gnia pas d'mal à ça!*

La Terreur a encore été bien heureuse de trouver

madame Saint-Aubin pour lui faire remplir ces rôles d'innocente et de cueilleuse de noisettes.

Et d'ailleurs, les beaux-arts, les belles-lettres, les belles peintures, qui est-ce qui s'en occupait, je vous le demande! Était-ce David, dont j'ai prononcé le nom tout à l'heure, ce David qui avait dessiné et fait élever sur le carré du Pont-Neuf des polichinelles de bois à la place de la statue de Henri IV, le seul monarque qui eût rêvé pour son peuple le droit à la poule au pot? Étaient-ce M. de Fontanes et M. Joubert, occupés à courir le guilledou dans la rue du Fouarre et dans la rue de la Bûcherie, et recherchant tous deux l'amitié de Rétif de la Bretonne?

Laissez donc! La préoccupation de la France avait bien d'autres objets en but, plus actuels et plus horripilants. Autrefois, ce qui occupait Paris à son réveil, c'était un pont-neuf, une *turlutaine*, les amours de la Guimard, le dernier apologue oriental inséré dans le *Mercure*, une façon de corsage ou une couleur de rubans. Mais, alors, qu'est-ce qui faisait, dès le point du jour, sauter les Parisiens hors de leur lit? C'était le tambour, c'était le toscin, c'était le canon. On n'osait plus faire de journaux, car chacun savait trop ce qu'il en coûtait. On n'osait plus afficher de placards, depuis qu'Olympe de Gouges avait payé les siens de la mort. On n'osait plus prendre la parole à la tribune, de crainte d'être assommé, séance tenante, par le boucher Legendre, le même qui voulait que l'on coupât le corps de Louis XVI en quatre-vingt-trois morceaux et qu'on l'envoyât ainsi aux quatre-vingt-trois départements.

Ah! Paris n'était pas un site agréable, on doit en convenir. Le duc de Brancas avait eu raison de le quitter, en sabots et en blouse bleue, chassant devant lui un troupeau de deux cents moutons. Bien en avait pris aux hommes intelligents de fuir cette succursale de l'enfer; bien en avait pris à l'abbé Maury et à Choiseul-Gouffier. Quant à ceux qui n'avaient pas le temps de fuir, ils étaient mangés par les loups comme Pétion, ou ils expiraient comme Condorcet dans les horreurs de la faim.

Mais la faim, elle était aussi dans Paris! elle menaçait, elle grandissait. On attendait cinq ou six heures à la porte des boulangers, et c'est de là que datent le nom de *queues* donné aux rassemblements. Des affiches émanées de la Montagne proposaient un carême patriotique, afin de laisser aux animaux le temps de renouveler leur espèce. La Montagne plaisantait, la Montagne était gaie.

C'est de cette époque que se propagea, dans d'effrayantes proportions, l'amour des pauvres pour l'eau-de-vie, ce poison qui tue chaque jour la France en détail. Pour beaucoup de malheureux, l'eau-de-vie était une nourriture presque exclusive.

La disette et l'échafaud ! C'était bien. L'ange exterminateur n'aurait pas été plus expéditif.

Son morceau de pain dévoré en quatre bouchées, le peuple allait faire ensuite la digestion sur la place de la Révolution, qu'il appelait aussi le *théâtre de la guillotine*, seul théâtre qui ne désemplît jamais.

Déjà, l'on parlait d'établir un puisard en pierre sous l'instrument de mort et d'y ménager des couloirs pour le sang humain.

Déjà, l'architecte avait tracé le plan de cette bâtisse...

Cette fois donc, ils devaient être satisfaits, ceux qui aiment la vie mouvementée et remplie.

Pas un jour ne se passait sans apporter sa dose de monstruosités. Leur existence ne s'en allait plus en langueur, comme autrefois.

Voilà le bénéfice des révolutions, c'est qu'elles nous débarrassent totalement des *blasés*, des gens qui s'ennuient. Qui bâille devant un fer levé?

Cependant, dix-huit mois encore d'un tel régime, et je ne jurerais pas que la satiété ne s'y fût mise.

Voilà, à traits rapides, ce qu'était Paris sous la Terreur, ce qu'il n'avait jamais encore été, ce qu'il ne sera jamais plus.

VI

Il faisait nuit.

Deux touffes de fleurs embaumaient la chambre à coucher de Robespierre; les croisées étaient restées ouvertes à cause de la chaleur.

Aucun luxe ne régnait dans l'ameublement, mais les rideaux de lit étaient d'une finesse et d'une blancheur remarquables.

Une heure sonnait aux horloges de Paris, sentinelles d'airain échangeant leur cri de vigilance, lorsque le dictateur entra dans son antre à tenture de lin.

Il se jeta sur une chaise, comme un homme harassé par un labeur pénible.

— Allons, je n'ai pas perdu ma journée! dit-il.

Soudain Robespierre se leva, par un de ces mouvements nerveux qui lui étaient familiers.

— Toujours les fenètres ouvertes! s'écria-t-il; j'avais pourtant bien recommandé qu'on les fermât à la tombée de la nuit.

Il se pencha au dehors.

— Comme la rue est tranquille! comme la ville entière dort d'un sommeil profond! C'est mon ouvrage, cependant. On n'entend plus comme autrefois, dans les maisons, le bruit insolent de l'orgie, les rires, le *tintin* des verres. Tout se tait.

Il ferma les fenêtres et fit quelques pas dans sa chambre.

Le parquet rendait de petites plaintes sous l'escarpin qui le pressait.

Robespierre alla sentir les fleurs.

Mais son front s'assombrissait sous des réflexions sinistres.

Et tout en effeuillant une rose, il murmurait :

— Oui, j'ai beau m'efforcer à broyer la réaction, je n'ai d'autre récompense à attendre que la mort. Moi, l'homme de bien, moi, le sauveur de la France, moi, le protecteur de tous les arts et de toutes les vertus, je serai probablement assassiné par quelque misérable !

Telles étaient les idées qui l'opprimaient invariablement chaque soir, lorsqu'il se retrouvait seul avec lui-même, la plus terrible compagnie qu'il pût souhaiter.

— Couchons-nous, dit-il, peut-être pourrai-je dormir aujourd'hui.

Il quitta son célèbre habit vert, qui allait être prochainement remplacé par un habit à la polonaise que David s'occupait à lui dessiner.

Puis, allant se placer devant sa glace, il ajouta :

— Heureusement, la nation jugera mes œuvres quand je ne serai plus ; et cette espérance me console. Alors les Français me dresseront des statues ainsi qu'à ce Vincent de Paule qu'ils ont la faiblesse d'aimer parce qu'il a ouvert des asiles aux enfants délaissés. Comme si je n'avais pas fait bien davantage !

En parlant de la sorte, Robespierre mettait un bonnet de nuit à fontange.

— Pourquoi donc, dit-il tout à coup, ai-je sans cesse le souvenir de cette lettre de tantôt, de cette lettre remplie de folles menaces? *J'ai attendu, j'attends encore que le peuple te traîne au supplice.* L'auteur s'est bien gardé de se nommer. Que disait-il encore? *Si mon espoir est vain, cette main percera ton cœur.* Le fou!

Une seule lumière brûlait sur la cheminée, éclairant le corps maigre et à demi nu de Robespierre.

La peinture ne descend pas assez dans les intimités de l'existence. Certainement un homme qui ôte sa cravate et qui se couche n'a rien d'extraordinaire en lui. Mais appelez cet homme du nom de Robespierre, et l'intérêt se hausse immédiatement.

Robespierre se déshabillait.

— A l'heure qu'il est, pensait-il, mon envoyé secret doit être auprès de la fille de Louis XVI. Comment aura-t-elle accueilli mon indirecte demande? Plusieurs fois mon portrait a dû être mis sous ses yeux. Espérons...

Il se rapprocha de la glace et donna un air de coquetterie à sa coiffure nocturne.

Après quoi, il prit la lumière et regarda soigneusement sous son lit.

Il ne vit personne, et après un dernier tour dans sa chambre, il se décida enfin à se coucher.

— Je suis bien bon de m'inquiéter d'un tel chiffon. *Cette main percera ton cœur*... Tu crois donc qu'il est facile de parvenir jusqu'à moi, vil suppôt du royalisme ? Il épie l'instant, dit-il, il cherche ma poitrine...

Robespierre se retournait.

— Qu'est-ce donc qui me gêne ainsi ?

Et en s'écriant :

— Serait-ce la feuille de rose du sybarite ?

Il chercha, et ce qu'il trouva était une liste de proscription.

Délicatement il la posa sur la table de son lit.

— J'ai tort de m'occuper de cette lettre. Mais c'est plus fort que ma volonté. *Tous les jours je suis avec toi; je te vois tous les jours*... C'est singulier !

Robespierre s'endormait.

Sa parole devenait de plus en plus lente.

Ses yeux se fermaient et s'ouvraient.

Il balbutiait :

— *Vis encore... quelques jours... pour penser à moi... dors pour penser à moi...*

Tout à coup il lui sembla que ses rideaux s'écartaient et qu'un homme s'accoudait lentement sur le bois de son lit.

Robespierre allait crier.

Mais une lame de couteau jeta son éclair dans la chambre!

Le dictateur rengaîna dans sa gorge l'appel qu'il allait invoquer et devint plus pâle que ses draps.

— Malheureux! prononça-t-il, ne comprends-tu pas que tu joues ta vie en menaçant la mienne?...

— Ma vie? répondit l'homme au poignard qui portait un masque à la figure, j'en ai horreur autant que de la tienne. Ma vie n'a de force que pour la haine, à présent. Et de tous ceux que je hais, Robespierre, tu es le plus cruel et le plus coupable. Tu as trompé toutes mes convictions et toutes mes croyances. Si je voulais énumérer tes trahisons et tes crimes, ce serait trop long. On n'ôte pas les dents à une vipère, on l'écrase. C'est pourquoi je suis venu t'écraser.

— Qui es-tu pour me parler ainsi?

— Je suis l'auteur de la lettre anonyme que tu as reçue ce matin.

— Toi!

Robespierre se dressa sur son séant.

Mais du tranchant de son couteau l'homme masqué coupa le cordon de sonnette qui pendait au chevet.

— Qui te dit que l'on n'a pas trompé ta religion? murmura Robespierre; ton aveuglement m'épouvante.

— Ce n'est pas vrai. Rien ne t'épouvante ici, rien, que ce couteau.

— Que veux-tu?

L'homme masqué réfléchit.

— Donne-moi la clef de ton secrétaire.

— La clef?...

— Oui, elle est sous ton oreiller.

— La voilà.

— Maintenant où sont tes blancs-seings?

— Le premier tiroir à droite.

L'homme se conforma à ces indications.

— Bien! dit-il en enfouissant dans sa poitrine un papier signé.

Robespierre haletant.

— As-tu fini? demanda-t-il.

— Fini! répéta l'autre; oui, peut-être devrais-je en finir maintenant, car l'occasion est belle, et je ne la retrouverai pas sans doute de longtemps...

Il restait indécis, à deux pas de la couche, balançant son couteau.

— Mais non, reprit-il, si tu mourais, ta signature n'aurait plus le pouvoir que j'en attends. Vis donc, Robespierre, *vis pour penser à moi... dors pour rêver à moi!*

Terminant par ces mots, il ouvrit une croisée et s'élança dans la rue, en s'accrochant aux gonds des volets et aux tuyaux des gouttières.

A peine avait-il fait dix pas sur le pavé qu'il se trouva face à face avec un individu qui paraissait l'attendre.

Cet individu était François Soleil.

— J'ai tenu ma promesse! lui dit l'homme masqué en tirant de sa poitrine un papier qu'il lui remit.

— Merci, dit François Soleil.

VII

Comme l'avare Achéron, la Terreur ne lâchait pas facilement sa proie. Mais la signature de Robespierre était un talisman devant lequel s'ouvraient ou se fermaient toutes portes.

Sœur Élisabeth-des-Anges fut donc rendue à la liberté.

La pauvre femme ne pouvait croire à tant de bonheur.

Il fallut que François Soleil l'entraînât hors de la prison ; car c'était lui qui était venu la chercher au point du jour.

Elle avait tant souffert depuis quelque temps que ses pieds pouvaient à peine la supporter.

— Appuyez-vous sur moi, lui disait Soleil en examinant sur son visage les traces laissées par l'âge et par la pénitence, et en cherchant à retrouver quelque chose de la danseuse d'autrefois sous la Carmélite d'aujourd'hui.

Mais il hocha la tête, et il pensa :

— Elle est bien changée, la Clarendon; elle a bien vieilli, la repentante.

Elle, de son côté, attachait ses yeux tremblottants sur cet homme, et elle avait un vague souvenir de sa physionomie.

— Qui êtes-vous? lui demanda-t-elle enfin.

— Un ami, répondit-il.

Le son de cette voix troubla la sœur Élisabeth.

Elle s'arrêta.

— Qu'avez-vous? dit François Soleil, inquiété.

— O mon Dieu! mon Dieu! c'est bien étrange! murmura-t-elle en passant sa main sur son front et sur ses yeux.

Soleil devina,

— Marchons, ma sœur, marchons.

Il essayait de cacher une partie de ses traits avec son mouchoir.

Mais elle le regardait toujours.

Et tout son corps avait le frisson.

— Ma sœur, le temps presse, marchons, je vous en conjure.

— Oh! je vous reconnais! dit-elle d'une voix sourde, je vous reconnais!

— Venez!

— Vous êtes ce serviteur du duc que j'ai connu autrefois, du temps de mon infamie.

Il hâtait le pas.

— Non, dit-elle, je n'irai pas plus loin, je ne veux pas vous suivre.

— Ma sœur...

— Non!

— Au nom du ciel, venez!

— Qui vous envoie?

— Votre fille.

— Ma fille! Vous la connaissez, ma fille? Vous!...

Soleil détournait la tête.

— Oh! je fais un mauvais rêve, sans doute, prononçait-elle.

— C'est vers elle que je vous conduis.

— Dites-vous vrai?

— Je le jure!

Sœur Élisabeth-des-Anges se tut et se laissa guider.

La matinée était sans soleil; on rencontrait peu de monde dans les rues.

Quand ils furent à hauteur du Pont-Neuf, un homme dont l'impatience se trahissait par des regards chercheurs, quitta le parapet où il était appuyé, et s'avança vers eux.

C'était le duc de Noyal-Treffléan, qui attendait la Carmélite pour la conduire chez Trois-Mai, ainsi qu'il le lui avait promis la veille.

D'abord, sœur Élisabeth ne le vit pas s'avancer.

Ce ne fut que sur un salut de François Soleil qu'elle leva la tête.

— Quel est ce vieillard? demanda-t-elle.

Le duc la regarda à son tour.

Ce fut un moment de silence.

Elle était immobile. Mais bientôt ses yeux s'agrandirent, sa bouche s'ouvrit, elle étendit ses mains devant elle, et elle poussa un cri d'effroi.

François Soleil la soutint.

— Qu'a-t-elle donc? fit le duc, étonné.

— Elle vous a reconnu.

— Ce n'est que cela?

— Dame! il paraît que cela suffit pour la faire évanouir; et puis, vous vous montrez tout d'un coup sans dire gare.

— Il fallait la prévenir, répliqua le duc avec humeur.

— Est-ce que j'ai eu le temps? Ces religieuses sont si impressionnables! un rien les fait palpiter. J'ai vu le moment où elle ne voulait plus me suivre, après m'avoir reconnu, moi aussi.

— Attends, la voilà qui revient à elle...

Effectivement, sœur Élisabeth-des-Anges rouvrait les yeux. Mais ses yeux étaient hagards.

— Laissez-moi, disait-elle d'une voix affaiblie, laissez-moi!

— Votre fille vous attend! lui soufflait François Soleil.

— Lui! c'est lui! il revient me prendre, et cette fois pour toujours!

— Elle extravague, dit le duc.

— Essayez de marcher, ma sœur; encore quelques pas, et vous allez revoir votre fille, votre fille, entendez-vous?

— Ma fille?...

— Oui.

Deux larmes parurent aux paupières de la pauvre femme.

Mais en se voyant entre ces deux hommes, toute son horreur lui revint.

— Monsieur, dit-elle en s'adressant à Soleil, car elle n'osait envisager le duc de Noyal-Treffléan, monsieur, si vous êtes humain, si vous avez quelque pitié, oh! faites-moi ramener en prison.

Le duc haussait les épaules.

— Monsieur! je vous en prie... ramenez-moi! ramenez-moi!...

— Mais votre fille?

— Ma fille priera pour sa mère.

— Dépêchons, dit le duc, voilà des curieux qui s'attroupent.

Il saisit le bras de la religieuse.

Elle tressaillit comme sous la morsure grésillante d'un fer rouge.

— Allons, madame...

— Grâce! balbutia-t-elle.

— C'est à l'entrée de la rue, là; un peu de courage.

— Je ne puis...

C'était navrant à voir, cette femme suppliante, éplorée, et pour ainsi dire traînée par ces deux individus. Soleil lui-même se sentait affecté désagréablement, et il fronçait le sourcil, ce qui était sa manière d'exprimer sa sensibilité.

Le duc, lui, n'éprouvait que de l'embarras et de l'impatience.

Il avait promis à Trois-Mai de lui ramener sa mère, et il voulait tenir sa parole, car c'était à ce prix que l'amour de sa fille devait lui appartenir.

Il pressait donc la Carmélite, il la suppliait; mais chacune de ses paroles lui tenaillait le cœur, et chaque fois que son bras la touchait, elle sentait la vie se retirer d'elle.

— Comment faire? se demandait-il.

Soleil était hésitant.

Enfin, le duc se décida.

Il saisit tout à coup la religieuse dans ses bras, et, l'emportant comme une proie, il prit son élan vers la rue de Thionville.

La Clarendon ne jeta pas même un cri.

Sa figure, d'un blanc de linceul, flottait, abandonnée, sur l'épaule du duc...

Il précipita sa course.

Il arriva devant la maison habitée par Trois-Mai et par madame de Perverie.

La porte était fermée.

Sous sa main robuste, le marteau résonna plusieurs fois.

— Ma fille! ma fille! appela-t-il.

Trois-Mai descendit, rapide, émue.

— Voici ta mère, exclama le duc, dont la figure resplendissait de joie; ta mère libre!...

— Ma mère!

La jeune fille regarda... et un cri déchirant sortit de ses entrailles.

A son tour, le duc de Noyal-Treffléan jeta les yeux sur la Clarendon.

Ses bras se détendirent.

Il ne tenait plus qu'un cadavre.

La révolution causée en elle par l'aspect imprévu de l'auteur de tous ses maux avait déterminé la mort de sœur Élisabeth-des-Anges.

VIII

Émile ne demeura pas longtemps sous les ordres de Robespierre.

Trois-Mai et la marquise de Perverie restées seules et sans ressources avaient besoin d'un appui.

Émile était reconnaissant.

Il se souvint que la première lui avait donné son cœur et que la seconde lui avait ouvert sa maison. Il crut qu'il était de son devoir de leur vouer son existence, au moins pendant les jours orageux que la France traversait.

Ces trois personnes vécurent donc réunies dans une ombre silencieuse. La mort de sœur Élisabeth avait répandu sur elles un voile de tristesse qu'Émile ne cherchait pas à dissiper.

Il comprenait cette douleur d'une fille pleurant sa mère, et, disons plus, il l'enviait.

Oui, il est des douleurs qu'on envie.

Lui n'avait pas de larmes à pleurer, il ne pouvait pas partager avec les autres.

La misère se glissa peu à peu dans cet humble intérieur. Émile s'épuisait en efforts pour empêcher ses invasions ou pour la soustraire aux yeux des deux femmes.

Il n'y réussissait guère que vis-à-vis de madame de Perverie, qui était restée grande dame sans le savoir et parce que sa nature était telle.

Pour Trois-Mai, qui avait commencé la vie par la souffrance, pour Trois-Mai dont la fortune n'avait été que passagère, elle comprenait davantage les embarras d'Émile, elle savait apprécier ses sacrifices.

Quelques bijoux furent vendus par elle, mais on n'osait pas trop se défaire de ses bijoux dans la crainte d'être dénoncé comme aristocrate. Bien des fois l'inquiétude du lendemain se peignit sur le visage du jeune homme.

Seul, il eût affronté stoïquement la détresse, ainsi qu'il avait déjà eu maintes fois l'occasion de le faire.

Mais entre ces deux anges de beauté et d'infortune, son rôle ne pouvait plus être le même. Il fallait qu'il triplât son imagination pour subvenir aux besoins de deux existences si chères.

Le duc de Noyal-Treffléan n'avait plus reparu depuis la catastrophe fatale qui avait mis à bas toute ses espérances paternelles. Trois-Mai d'ailleurs n'aurait pas eu assez de force pour supporter sa présence. Elle eût aimé son père à cause de sa mère, mais sa mère expirée ne lui laissait plus dans le cœur pour le duc qu'éloignements et ressentiment.

A défaut de Trois-Mai, Émile, malgré ses justes répugnances, pouvait du moins s'adresser à lui. C'est ce qu'il essaya de faire.

Pour cela, il se mit à sa recherche, et ce ne fut pas sans peine qu'il parvint à découvrir sa retraite nouvelle.

Le duc de Noyal-Treffléau avait abandonné son district et cédé la petite maison proprette qu'il habitait, pour s'en aller demeurer dans un taudis de la rue du Chevalier-du-Guet, une des rues les plus bourbeuses et les plus étroites de Paris.

— Est-ce la peur qui le fait se cacher dans ce trou?

se demanda Émile; quel autre que moi s'aviserait de venir chercher ici le favori de Louis XV.

Le portier auquel il s'adressa pour demander le citoyen Noyal-Treffléan lui indiqua le quatrième étage avec une expression souveraine de dédain. C'était le plus mauvais appartement de la maison, qui en contenait cependant de bien mauvais.

Émile tâtonna longtemps dans l'escalier qui était sombre, puant, humide et sans rampe.

Arrivé à une sorte de palier, sa main errante rencontra une patte de lièvre qu'il agita d'abord discrètement. Personne ne répondant, il sonna un peu plus fort.

Enfin, un pas lourd et traînard se fit entendre, et, à travers une porte qui s'entre-bâilla, Émile aperçut un vague amas de linge qui ressemblait à une femme.

Il demanda :

— Le citoyen Noyal-Treffléan, s'il vous plaît?

La vieille femme le regarda sans comprendre ou plutôt sans entendre.

— Vous demandez mademoiselle Sophie Arnould? murmura-t-elle; c'est ici, entrez.

Émile demeura stupéfait devant ce nom.

Sophie Arnould dans ce grabat! Sophie Arnould rue du Chevalier-du-Guet! Ce souvenir galant dans cette auge à sans-culottes!

Il ne répondit rien, il ne sut que répondre.

La vieille grommela et referma la porte.

Émile monta encore.

Cette fois, ce fut le citoyen Noyal-Treffléan lui-même qui vint lui ouvrir, dans le simple appareil d'un démocrate en carmagnole et en pantalon rayé rouge.

Il ne fut pas fâché de voir Émile, car il comprit qu'il venait lui parler de sa fille.

— Entrez, lui dit-il avec empressement.

Émile promena un regard triste sur l'ameublement plus que modeste de l'ancien duc : son espoir diminuait.

— Vous voyez, fit le citoyen Noyal-Treffléan, vous voyez l'état où m'a mis la Révolution ; il ne me reste plus que ce simple mobilier.

Ce début inquiéta Émile.

— M'avez-vous deviné? dit-il avec mélancolie.

— Oui.

— Votre fille est pauvre.

Le duc fit un mouvement.

— Pauvre? Trois-Mai?

— Elle n'a que moi pour soutien.

Mordu dans son affection et dans son orgueil, le duc baissa la tête.

Ensuite il regarda Émile.

Sans doute il lui trouva l'air bon et digne, car il lui frappa sur l'épaule en lui disant :

— Merci.

Ce geste émut Émile; tout ce qui vient du cœur d'un débauché est précieux à recueillir.

— Pauvre! répéta le duc.

Et il répéta :

— Hélas! moi aussi, je suis pauvre.

— Comment! monsieur le duc?

— Je n'ai pas une obole; comme Bias, je porte maintenant ma fortune avec moi.

— Serait-il possible?

— C'est l'interrogation que je me pose souvent à moi-même, et la réalité me force toujours à répondre : Oui.

— Vous, ruiné!

— Absolument.

— Mais cependant vos biens, vos maisons, vos châteaux?

— Biens, châteaux et maisons ne m'appartiennent plus.

— O ciel!

— Ils sont passés à un autre propriétaire, dit le duc avec un soupir.

— A qui donc? fit Émile.

— A Soleil.

— Mais par quelles circonstances?

— Oh! c'est bien simple, répondit M. de Noyal-Treffléan; Soleil avait promis de soustraire la Clarendon à l'échafaud; en revanche, j'avais promis à Soleil de lui abandonner toute ma fortune; Soleil a tenu sa promesse, j'ai dû tenir la mienne.

— Ainsi, vous ne possédez rien?

— Plus rien!

Émile demeura anéanti.

— Mais vous? demanda le duc.

— Je n'ai ni emploi ni argent.

— Diable de temps! murmura-t-il; de quel peuple cette République a-t-elle donc fait le bonheur?

Émile allait partir, le cœur noir et désespéré, lorsque M. Noyal-Treffléan lui dit :

— Un moment encore. Je ne veux pas que le souvenir de ma fille, misérable et sans pain, vienne m'assaillir dans mes nuits sans sommeil. Je ferai pour elle tout ce qu'un père doit faire et peut faire. Revenez à quatre heures.

— Ici?

— Ici. Il y a une table d'hôte où quelques-unes de mes connaissances se rendent habituellement. Trouvez-vous y, je vous invite.

Pour qu'Émile acceptât, il fallut que l'image de Trois-Mai se présentât bien vivement à son esprit.

— Je serai ici à quatre heures, dit-il.

Le duc avait dit vrai. Il n'avait plus en poche un maravédis. François Soleil l'avait inexorablement dépouillé, car François Soleil avait aussi ses représailles à exercer contre lui. — De toutes les qualités humaines, le duc de Noyal-Treffléan n'en avait conservé qu'une seule : c'était la fidélité exacte et scrupuleuse à sa parole. Soleil le savait.

Ainsi que cela était convenu, Émile revint l'après-midi dans la rue du Chevalier-du-Guet.

C'était au rez-de-chaussée que se tenait cette table d'hôte, si toutefois on peut accorder ce nom à une chambre d'une horrible simplicité et que décorait seul un buste en plâtre de Marat.

Vingt personnes au plus étaient assises autour d'une table couverte d'une nappe rousse.

C'étaient de vieilles têtes, comme celle du duc de Noyal-Treffléan, qui, en voyant entrer Émile, lui indiqua une place auprès de lui.

Émile s'assit après avoir salué tout le monde. On se trouva un peu à l'étroit, par l'arrivée de ce nouveau convive.

— Approchez-vous davantage de mon côté, lui dit le duc; vous pourriez gêner M. Greuze.

M. Greuze était le voisin de droite de notre héros. Il était chargé de soixante et dix années, ce dont il ne s'effrayait pas plus qu'il ne fallait. Vieillard charmant, il conservait encore sur sa physionomie franche et bonne le sourire de ses tableaux.

Émile contempla avec une admiration mêlée de respect le peintre de la famille et de la nature.

Puis il se demanda quelle était cette maison

étrange où se donnaient rendez-vous ces réputations d'un autre temps : Greuze et Sophie Arnould.

Son étonnement redoubla lorsqu'il entendit en face de lui le dialogue suivant :

— Savez-vous quelque chose de nouveau, M. le marquis?

— Du nouveau? répondit une sorte de petit squelette poudré; mais je bouche mes oreilles et je ferme mes yeux pour ne rien savoir de nouveau. Oh! quel horrible nouveau que le nouveau d'à présent!

— Le fait est que celui qui serait arrivé il y a dix ans dans les coulisses de l'Opéra avec le bulletin d'une journée de ce temps-ci, aurait joliment épouvanté toutes nos dames.

C'était Sophie Arnould qui parlait.

Sa petite tête spirituelle avait encore gardé les étincelles de deux yeux adorables.

— M. de Condé est-il définitivement passé en Russie? demanda quelqu'un à M. de Noyal-Treffléan.

— Pas encore, répondit celui-ci.

— Pauvre duc! comme il doit regretter son château de Chantilly!

— Mais, à propos, vous savez que madame Stéphanie de Bourbon donne en ce moment pour vivre des leçons d'écriture et d'orthographe.

— Ah bah !

— C'est la vérité pure. Voilà où nous en sommes, messieurs! Une princesse du sang! une Bourbon-Conti !

Un silence suivit ces paroles.

Ce fut Sophie Arnould qui le rompit.

— Dites donc, Laujon, est-il vrai que ce pauvre Chamfort ait été exécuté?

— Pas précisément, répondit le chansonnier, il s'est tailladé lui-même à coups de poignard dans sa maison, et il est mort simplement des suites de ses blessures.

— Quel dommage! un si aimable jeune homme! Vous souvenez-vous, Laujon, des vers qu'il m'adressa?... Dorat n'eût pas fait mieux... Comment cela commençait-il donc?

Laujon sourit et fut assez galant pour se rappeler les vers de Chamfort :

De mille amants elle fait la folie ;
Dans nos jardins c'est à qui la suivra ;

Et quand on dit : Mon Dieu! qu'elle est jolie!
On est bien sûr que l'écho répondra.

Si pour son teint, Flore, dans sa corbeille,
Sut assortir ses bouquets précieux,
L'esprit a fait en faveur de l'oreille
Plus que sa main pour le charme des yeux.

— Assez! assez! murmura Sophie Arnould qui sentit une larme sous sa paupière à ce ressouvenir d'un si beau temps.

Pauvre femme! pauvres gens!

Car c'étaient tous les débris d'une cour volage et d'une époque de sourires, que la rue du Chevalier-du-Guet abritait en ce moment; c'étaient des barons, des vicomtes, des chevaliers, le reste fleuri du dix-huitième siècle.

L'Opéra et le Parnasse avaient émigré de compagnie dans cet endroit hideux, et tous les jours, à la même heure, ils venaient encore y parler ce langage harmonieux et coquet, dont le couperet de Sanson détachait chaque jour un trope ou deux avec une tête de poëte ou de grand seigneur.

C'était toute la France amoureuse et glorieuse recélée dans un coin de Paris, à l'ombre du buste de

Marat. C'était l'esprit, le bel air, la grâce, qui cherchaient un dernier refuge pour s'y endormir doucement, mais qui ne voulaient pas quitter leur ville natale, si ensanglantée qu'elle fût.

Tous les partis éteints ou disparus étaient représentés là. Il y avait même un abbé, oui, un abbé, ce qu'on appelait autrefois un petit collet, cette chose remuante et brillante.

Là était ce bon vieux Laujon, un Anacréon, un Momus, comme on disait autrefois, Laujon qui dans les bons temps chantait le *Mai*, chantait *O gué!* chantait tout ce qui se boit ou s'embrasse. Laujon était là. Il ne chantait plus ; cependant on avait voulu le faire chanter, et le gouvernement lui avait demandé je ne sais quoi, une cantate nationale. Vainement Laujon avait-il répondu : « Je n'ai plus de voix! Il ne s'agissait pas de sa voix, il s'agissait de sa tête ; c'est ce que ses amis essayèrent de lui faire comprendre. Il le comprit, et, bien qu'enragé royaliste, il composa la cantate bon gré mal gré, et il l'envoya au gouvernement en écrivant malicieusement au bas de ses vers : *Par le citoyen Laujon, républicain* POUR LA VIE.

Le haut bout de la table, le bout important, était occupé par un couple âgé et silencieux ; c'étaient les deux plus anciens pensionnaires de la maison.

Figurez-vous deux grosses têtes bien épaisses, des yeux éraillés, des paupières couleur de flamme, un tronc arrondi sur le modèle d'une tonne.

Ils se tenaient immobiles sur leur siége, ne levant leurs regards que sur les plats et les assiettes, mettant à plaisir en branle leurs lourdes mâchoires, portant aux verres une main exercée, aimant le sérieux autant que le silence, et l'eau-de-vie encore plus que le vin.

C'étaient deux célébrités aussi, c'étaient M. et madame Ramponneau, de bachique mémoire.

Ramponneau, dont la gloire impérissable rayonne encore dans tous les cabarets de la Courtille! Ramponneau, que brûlaient d'examiner les ducs, les marquis et les princes, et qui, roi de son bruyant quartier, ne montrait la face de son auguste personne que par une excessive bonté d'âme! Voltaire l'avait immortalisé dans ses *Facéties* et Palissot l'avait chanté dans sa *Dunciade*.

Voilà les gens avec lesquels Émile se trouvait,

Il n'avait ni assez d'yeux pour les voir, ni assez d'oreilles pour les entendre.

Comme le pays tout entier, au milieu des luttes intestines de la Révolution, il avait complétement perdu la mémoire des gloires anciennes, ou peut-être s'imaginait-il qu'elles avaient péri dans la tourmente. Maintenant, il revoyait le passé, le passé vieilli, dépouillé, traînant sa vieille épée, sa vieille dentelle, le passé n'ayant plus un liard pour s'acheter du rouge et du musc, dînant à la grâce de Dieu, cherchant sa mémoire et ne la retrouvant pas toujours, le passé qui ne veut pas mourir pourtant! Laujon! Greuze! Sophie Arnould! le chevalier ! le vicomte et monsieur l'abbé! Tout ce monde attendant un maigre potage qui ne vient pas!

« Sonate, que me veux-tu? » disait Fontenelle. La Révolution disait comme Fontenelle : « Comédie, art, litérature, rubans, amours et petits vers, que me voulez-vous? Que venez-vous faire ici? Voulez-vous bien vous sauver! » Et ils se sauvaient ou ils se cachaient. L'auteur de *Figaro,* proscrit, courait le monde : M. de Bernis allait mourir, M. Claris de Florian aussi; Marmontel attendait pour cela le 31 décembre. Tous laissaient faire les hommes nouveaux et les gloires nouvelles. Ceux qui étaient restés à Paris, par courage, par curiosité ou par paresse, ceux-là étaient bien pauvres et mangeaient bien peu. L'Institut lui-même ne mangeait plus, car l'Institut était au diable!

On était trop heureux de trouver une table d'hôte comme celle où j'ai conduit mon lecteur.

Cependant, tant est grande la conscience de la noblesse et de l'art, grande l'habitude de la distinction, que tous ces personnages renommés gardaient encore au sein de leur passager abaissement cette égalité de caractère qui est l'indice des races supérieures.

Ils se traitaient mutuellement et se parlaient comme s'ils eussent été à une table aristocratique, avec des valets derrière eux et des girandoles sortant de chaque panneau au bout d'un bras de bronze. Ils avaient les mêmes attentions et les mêmes raffinements de langage.

Émile n'en revenait pas.

Un autre spectacle plus curieux encore l'attendait.

C'était l'apparition de l'hôte, qui était en même temps le chef de cuisine.

A son aspect, toute conversation cessa.

Il était effrayant, cet hôte, il avait la chevelure en désordre, la barbe épaisse et longue, le geste brutal, la voix rude; il avait de gros yeux qui roulaient dans leur orbite comme des écureuils dans leur cage.

C'était un sans-culotte de la plus belle venue, un bon patriote, enfin, comme le peuple appelle tous ceux qui sont laids, bêtes et robustes.

Il apportait du bouillon dans une vaste soupière, et il l'apportait même avec une certaine solennité malgré ses apparences démocratiques.

Les convives déguisaient mal leur satisfaction à l'approche de cette manne fumante, et les époux Ramponneau essuyaient déjà leurs assiettes avec une méticuleuse gloutonnerie, lorsque tout à coup! en apercevant Émile, le chef de cuisine lâcha ensemble une exclamation de surprise et la soupière qu'il tenait.

Vicomtes, ducs, marquis, comédiennes et poëtes

laissèrent voir une consternation profonde sur leur visage. Ramponneau poussa un gémissement.

— Ma foi! tant pis, dit l'hôte bourru; vous vous passerez de potage aujourd'hui, il n'en reste plus...

Et il alla frapper sur l'épaule du jeune homme qui avait déjà reconnu en lui une de ses connaissances d'autrefois, son collègue chez madame de Perverie, le philosophe majordome Turpin.

Tous les deux échangèrent une poignée de main; mais ils durent remettre à plus tard leurs confidences, en présence des nécessités du service.

Pas de potage!

Le dix-huitième siècle était resté désappointé.

Et les nombreux regards en dessous lancés à Émile semblaient accuser sa malencontreuse venue à la table d'hôte de la rue du Chevalier-du-Guet.

— Voyons, citoyen Turpin, essaya de dire le duc de Noyal-Treffléan; es-tu bien sûr qu'il ne reste plus une goutte de bouillon au fond de ta cuisine?

— Mais quand je vous dis, tas de nobles, que c'est tout! Est-ce que vous n'allez pas en mourir, pour un jour de privation? O les grands! les grands! toujours les mêmes ! s'écria Turpin en élevant ses bras au ciel.

Puis il ajouta d'un ton plus doux :

— Allons, vous vous rattraperez sur le bœuf...

Le dix-huitième siècle se calma.

Malgré les événements qui avaient assuré le triomphe de ses idées, Turpin était toujours resté le même, et ses efforts pour se hisser au pouvoir n'avaient amené aucun résultat sérieux. Il n'était ni assez intelligent ni assez stupide pour les masses.

Pour se venger à la fois des gouvernants et des gouvernés, il avait inventé de tenir une table d'hôte à l'usage des aristocrates.

De la sorte, il satisfaisait ses doubles instincts, car il frayait avec les grands seigneurs au millieu desquels la moitié de sa vie s'était écoulée, et en même temps il les écrasait, il pesait sur eux de toute sa faconde révolutionnaire. Il les appelait citoyens gros comme le bras, et dans ses forts jours de gaieté il leur disait *tu*. Puis il leur demandait de l'argent, ce qui est une vengeance facile, il est vrai, mais enfin ce qui est une vengeance.

Pourtant c'était un bon homme, ce Turpin. Dans

le fond il mentait à sa nature. Il n'aurait pas décapité un hanneton. Il faisait souffrir ses pensionnaires, mais il les aimait. Son plaisir, sa joie, son ivresse, étaient de leur faire peur, mais voilà tout; de les effrayer avec sa barbe, avec ses yeux, avec son coutelas, mais voilà tout. Il ne les aurait pas dénoncés pour une dictature. Il les respectait, il les admirait, et son âme saignait bien plus que la leur quand il ne pouvait pas leur donner du bouillon gras.

Quelquefois aussi Turpin ressentait des mouvements d'orgueil, en disant :

— Ils ont besoin de moi ; je suis leur providence, à ces fiers mortels, si vains de leur aïeux! C'est moi qui les conserve quelques ans de plus, je suis l'embaumeur de la postérité !

Mais ses pensionnaires le connaissaient mieux qu'il se connaissait lui-même. Ils savaient son bon cœur et ils excusaient ses faiblesses.

En sa présence, cependant, nul n'osait plus qualifier son voisin de marquis ou de duc. On se conformait aux usages familiers du temps. M. de Noyal-Treffléan demandait au baron de Trois-Volets :

— Voulez-vous me faire passer du veau, citoyen?

Et Greuze, s'adressant à Sophie Arnould :

— Un peu de vin, citoyenne, disait-il.

Car Marat les regardait tous, par ses yeux de plâtre !

Donc, les convives de Turpin durent se passer de soupe ce jour-là.

En revanche, l'ancien maître d'hôtel de madame la marquise de Pervérie leur servit des viandes en abondance, ce qui réussit un peu à calmer le désespoir des époux Ramponneau.

Malgré cela, le dîner ne fut qu'un dîner de gargotte, mais qu'est-ce que pouvait être un dîner sous la Terreur? Restait-il un seul dîneur à Paris ? Non. Grimod de la Reynière parcourait les provinces, banquetait à Béziers chez sa tante, achalandait les charcutiers de Lyon et de Marseille; d'Aigrefeuille mangeait à la sourdine dans des caves, et Cambacérès n'avait pas encore faim.

Le dîner se termina sans incident remarquable, sauf une harangue que crut devoir adresser le majordome Turpin aux assistants :

— *Jusques à quand*, s'écria-t-il, grands de la terre, abuserez-vous de ma patience?...

— Oui, oui, murmura le duc de Noyal-Treffléan; donnez-moi du fromage, citoyen.

Le majordome le foudroya du regard.

— Il me faut de l'argent! dit-il en revenant à la rhétorique usuelle des créanciers vulgaires; voilà trois mois que vous me payez en nouvelles de Coblentz, cela ne peut pas m'aller plus longtemps... Voyons, citoyen Greuze, quand est-ce que vous comptez me solder?

Greuze sourit et lui répondit :

— A la *sainte asperge* ou à la *saint navet*, si vous aimez mieux.

— Et vous, citoyen Laujon?

— Moi?

— Oui, vous; croyez-vous me payer avec des *faridondaine* ou des *faridondé?*

— Eh mais! pourquoi pas? répondit le charmant vieillard, j'ai bien payé le gouvernement avec cela.

— Le gouvernement! le gouvernement! grommela Turpin; cela le regarde; mais mon boucher n'échange pas des aloyaux contre des rimes. Quant à vous, mademoiselle...

C'était à Sophie Arnould qu'il s'adressait.

— Qu'est-ce que vous me direz à votre tour? lui demanda-t-il.

— Que voulez-vous que je vous dise? répondit-elle, je ne sais que chanter; désirez-vous un air d'*Armide?*

Turpin poussa un soupir désolé.

Il courut aux deux Ramponneau, qui dévoraient leurs miettes.

— Hé! leur cria-t-il dans l'oreille.

M. Ramponneau leva la tête.

— Qu'est-ce que vous demandez? balbutia-t-il.

— De l'argent! hurla le majordome joignant le geste à la parole.

M. Ramponneau demeura impassible.

— Mauvais... murmura-t-il; pas de soupe... mauvais... bien mauvais...

— De l'argent! répéta Turpin sur la note la plus aiguë de la désespérance.

— Merci, je n'en ai pas besoin, repartit l'ex-roi de la Courtille.

— Citoyens, je serai obligé de fermer mon établissement! s'écria Turpin exaspéré.

Émile le calma d'un regard.

Les convives se levèrent.

Chacun gagna le mur, les uns pour s'en aller, les autres pour remonter dans leur chambre.

Greuze habitait un petit appartement au Louvre; Laujon avait une mansarde dans la rue Honoré; le reste, chevaliers et marquis, perchaient sur la branche du hasard.

Il n'y avait que le duc de Noyal-Treffléan, Sophie Arnould et le couple Ramponneau qui occupassent la maison de la rue du Chevalier-du-Guet.

Le duc fut un des derniers à se retirer. Sa physionomie était sombre et exprimait l'abattement.

Il s'approcha d'Émile et lui dit:

— Vous voyez, mon cher, quelles sont nos ressources ici; nous sommes tous logés à la même enseigne. Triste enseigne, n'est-ce pas? Vous êtes plus avancé que nous, puisque vous êtes lié avec notre hôte. Adieu donc.

Mais, tout en disant adieu, il restait à la même place et paraissait embarrassé.

Enfin il se décida à demander :

— Parlerez-vous de moi à ma fille ?

— Non, répondit Émile.

Le duc se tut un instant et regarda le plancher.

— Au moins, reprit-il, accordez-moi un plaisir.

— Lequel ?

— Trois-Mai doit sortir quelquefois; faites-moi savoir un jour... un soir... le lieu où je pourrai l'apercevoir de loin... sans l'accoster.

— Et sans vous montrer surtout !

— Sans me montrer.

— Eh bien ! Trois-Mai et madame de Perverie ont l'habitude de se promener tous les dimanches autour de l'île Saint Louis.

— Tous les dimanches ?

— Entre six et sept heures du soir, après leur souper... quand elles soupent.

— Seules ?

— C'est moi qui les accompagne.

Le duc de Noyal-Treffléan remercia le jeune homme par un geste de tête et s'éloigna.

Seuls tous deux, Émile et Turpin se racontèrent

mutuellement ce qui leur était advenu depuis leur séparation.

Lorsque le premier arriva à la détresse de madame la marquise de Perverie, le brave majordome bondit sur son siége, et jura par tous ses grands dieux qu'il ne souffrirait pas que son ancienne maîtresse eût à gémir des rigueurs du temps.

— Je fermerais plutôt ma table d'hôte, s'écria-t-il, et je mettrais à la porte, pour la recevoir, tous ces gueux de ci-devants et d'artistes!

Aussi le fidèle serviteur se promit-il un vrai plaisir d'aller le lendemain rue de Thionville porter le dîner de madame la marquise de Perverie.

— Justement j'ai conservé mon ancien costume de maître-d'hôtel, le plus beau, le rouge... Je veux le mettre demain, et je me ferai suivre par deux marmitons.

— Ce sera bien aristocratique, dit Émile en souriant.

— Bah! une fois n'est pas coutume; ni elle ni vous ne me dénoncerez, d'ailleurs; et puis, ajouta Turpin en enfonçant son bonnet rouge sur les yeux, je prendrai ma revanche sur mes nobles de ma table d'hôte!

IX

Où se dirigeait le duc de Noyal-Treffléan, en sortant de chez le majordome ?

Il allait chez François Soleil.

Ce drôle n'avait pas reparu depuis une semaine, et par son absence il laissait le duc en proie à un ennui souverain.

François Soleil demeurait dans une des maisons de son ancien maître.

Lorsque celui-ci vint y frapper, un domestique ou *aide,* suivant la dénomination nouvelle adoptée par la susceptibilité républicaine, se présenta au guichet.

— Tiens, c'est La Brie ! s'écria le duc de Noyal-

Treffléan en reconnaissant un de ses anciens valets de chambre.

Le domestique ne parut pas charmé de cette familiarité rétrospective.

— Qu'est-ce que tu demandes? dit-il brutalement.

— Ah! oui, pensa le duc, c'est vrai, *égalité, fraternité*...

— Eh bien! citoyen?

— Eh bien! je désire voir mon ancien intendant, le citoyen Soleil.

— Je vais m'informer s'il peut te recevoir.

Et le domestique disparut, en laissant M. de Noyal-Treffléan à la porte.

Il reparut après cinq minutes.

— Le citoyen mon maître est à table en compagnie, dit-il.

— En compagnie?

— Ou avec des dames, si tu comprends mieux.

— Diable! il paraît que mons Soleil aime à s'étourdir sur les événements politiques, murmura le duc.

Il ajouta :

— C'est bien, je l'attendrai.

La Brie ne crut pas devoir lui refuser la porte; il l'introduisit dans une antichambre où il le laissa seul.

Un bruit de verres choqués et d'éclats de rire féminins arrivait de la salle à manger jusqu'aux oreilles du duc de Noyal-Treffléan.

Il se promenait de long en large.

D'abord, il avait trouvé sa situation plaisante; mais ensuite il la trouva impatientante.

— Si je m'invitais! se dit-il; c'est bien le moins que je puisse me permettre.

Les idées ne pesaient pas longtemps dans la balance du duc de Noyal-Treffléan. Sitôt conçu, un projet était aussitôt exécuté.

Il poussa donc d'un revers de main les battants de la salle à manger, et il entra.

Un tableau attrayant se présenta à sa vue.

Après le pauvre festin de la rue du Chevalier-du-Guet, cela constituait un contraste réellement curieux.

Sur un fauteuil exhaussé, dans l'attitude épanouie du *roi de la Fève* du célèbre tableau, François Soleil élevait au-dessus de sa tête une coupe d'or remplie de vin.

Autour de lui, groupés à une table débordant de mets et de flacons, des sans-culottes et des déesses se tenaient enlacés.

Les femmes étaient de ces malheureuses qui sont de toutes les fêtes et de tous les crimes. Elles avaient la tête renversée sur les épaules de leurs voisins, et leurs lèvres trempaient machinalement au bord de tous les verres...

Le duc de Noyal-Treffléan regarda tout cela en silence pendant quelques secondes.

Beaucoup ne s'étaient pas aperçus de son entrée.

Il compta de l'œil les bouteilles vides, et, les rapportant au nombre des convives, il avança la bouche avec mépris.

— De notre temps, c'était mieux, dit-il; le peuple a un mauvais estomac.

Soleil l'aperçut.

Il avait conservé plus de raison que les autres; il put se soulever sur son trône-fauteuil.

— Sois le bienvenu, citoyen ! s'écria-t-il; tu nous vois en train de boire à l'affermissement de la République une et indivisible. Veux-tu trinquer avec nous ?

Le duc avança son nez sur le verre le plus proche de lui.

— Pouah ! vous vous soûlez comme des cuistres ; c'est du vin de charretier, cela. Cherchez dans le troisième caveau de droite... vous y trouverez un vin de Bordeaux que je n'ai pas eu le temps de finir...

Les terroristes ouvrirent des yeux rapetissés et des bouches agrandies.

François Soleil leur jeta une clef qu'il prit à sa ceinture.

— Oui, c'est cela, dit-il; allez chercher le bordeaux et laissez-moi seul un instant avec le citoyen qui a besoin de causer avec moi. C'est un agent secret de la Convention et un ami de Fouquier-Tinville. Allez !

Après dix minutes de bousculades, employées à l'évacuation de la salle, le duc de Noyal-Treffléan et François Soleil se trouvèrent libres.

Le duc s'assit et croisa les jambes.

Il contempla son intendant qui égouttait tranquillement son verre et qui attendait.

— Je ne m'amuse pas, lui dit-il enfin.

— Bah! répondit Soleil avec un air d'étonnement légèrement coupé d'ironie.

— Je ne m'amuse pas! répéta le duc.

— C'est singulier. Quoi! de me voir ici, à votre place, dans votre fauteuil, buvant votre vin et dépensant votre or, cela ne vous amuse pas?

— Non.

— Cela ne vous amuse pas de me voir en haut, et de vous voir en bas?

— Non.

— Vous êtes bien difficile!

— Je veux autre chose. Tu m'as promis de l'agrément, et je n'ai pas d'agrément.

— Ma foi, je suis au bout de mon rouleau.

Le duc le regarda sévèrement.

— Tu te calomnies, dit-il.

— Non, répondit Soleil.

— Cette fois pourtant ce n'est pas l'argent qui te manque; tu en as tout à ton aise, il me semble.

— Croyez-vous? Je n'ai pas compté, répliqua l'intendant avec sang-froid.

Une telle impudence laissa le duc muet.

— Voyez-vous, continua François Soleil, vous n'êtes pas aujourd'hui dans votre assiette ordinaire. Je vous assure que vous vous amusez beaucoup.

— Coquin, prends garde!

— Appelez-moi citoyen, s'il vous plaît.

— Je châtierai tes airs impertinents.

— Oh! oh! s'écria Soleil avec un rire grossier; vous vous croyez encore chez vous, à ce qu'il paraît. Ce que c'est que l'habitude! Enfin, je vous excuse. Mais où en étais-je?

Le duc tordait un gobelet d'argent dans ses mains.

— Ah! je vous disais que vous vous amusiez beaucoup. C'est cela. Seulement vous vous amusez trop vite. Vous n'êtes pas assez ménager. J'en suis désolé pour vous. Avec la pauvreté que je vous avais faite, avec l'extrême dénûment où je vous avais plongé, vous aviez au moins pour trois mois de plaisir. Vous avez épuisé cela en six semaines. Que voulez-vous que je vous dise? Vous n'êtes pas raisonnable du tout. Laissez donc mon argenterie et ne la tortillez pas si fort, vous allez me la gâter.

Le duc était stupéfait.

— Maintenant qu'attendez-vous de moi ? Que je vous divertisse. Repassez un autre jour, le mois prochain. Jusque-là, eh bien! ennuyez-vous, cela vous paraîtra peut-être nouveau.

Soleil amena à lui une aile de volaille.

— En désirez-vous? demanda-t-il au duc; bah! ne faites pas de façons, si le cœur vous en dit.

M. de Noyal-Treffléan détourna la tête.

Et après un moment de silence :

— Ainsi, je ne dois plus compter sur vous? ainsi vous m'abandonnez, et les bontés que j'ai eues pour vous sont aujourd'hui complétement bannies de votre mémoire?

François Soleil se leva sur son fauteuil.

Son regard vague acquit en ce moment une étincelante fixité.

— Qu'est-ce que vous avez dit? Que venez-vous de dire? Répétez-donc un peu...

— J'ai parlé de mes bienfaits.

Soleil eut un tel rire de rage que le duc de Noyal-Treffléan en fut effrayé.

— Ses bienfaits! s'écria Soleil avec un accent de raillerie avoisinant la démence; il parle de ses bienfaits! Oh! pendant vingt ans il m'a avili, il m'a tué l'âme, il a fait de moi un démon à son image; pendant vingt ans il m'a fermé tout bonheur et toute espérance, et il me parle de ses bienfaits! Oh! oh! oh!

Il frappait sur la table.

— Ses bienfaits! à lui! à moi! ses bontés! Ah! voyez-vous la belle vie qu'il m'a faite à côté de la sienne! comme je suis heureux! comme je ne désire plus rien! comme j'ai l'air satisfait! Au fait, qu'est-ce que j'aurais été sans lui? un imbécile d'honnête homme; c'était bien la peine! Tout le monde m'aurait aimé et estimé; la belle avance! Tandis que, grâce à ses bienfaits, je vis seul et exécré, seul et maudit! Ses bienfaits! Son or! Mais je ne sais qui me retient de te le jeter à la figure, ton or d'enfer!

Les mains crispées de Soleil s'accrochaient aux flambeaux, aux couteaux, aux cristaux, à tout. Il délirait.

Le duc de Noyal-Treffléan était debout aussi.

— Je t'ai sauvé de la misère! lui cria-t-il.

— Pour me vendre à la honte!

— Je t'ai fait riche!

— Oui, riche! voilà ton mot! tu m'as fait riche et tu m'as fait criminel et bas, tu m'as fait riche!

— Soleil!

— Je me venge. Laissez-moi dire.

— Niais, c'est de ta faiblesse et de ta débauche que tu te venges!

— Mais vous ne savez donc pas tous les maux que vous m'avez fait souffrir?

— Pourquoi le saurais-je?

— Vous ne savez donc pas toute la haine que vous avez tirée de mon cœur?

— Non.

— Vous ne savez donc pas que vous avez tué ma femme?

Soleil, le corps à demi couché sur la table, les yeux dardés, lui avait jeté ce mot arraché à ses entrailles.

— J'ai tué ta femme? moi! répéta le duc de Noyal-Treffléan.

— Oui, ma femme! ma Christine! ma femme!

— Allons donc! tu deviens fou!

— Ah! vous n'en saviez rien! vous ne vous en doutiez pas seulement! vous ignoriez ce que chacun de vos plaisirs infâmes tuait de bonheur caché, ce que vos vices sur leur route écrasaient de vertus!

— Ta femme! tu étais marié? dit le duc, ne revenant pas de son étonnement.

Quelque chose comme une larme parut au bord des paupières de François Soleil.

— Oui, répondit-il, j'étais marié, marié comme le sont les braves gens; et je croyais pouvoir partager ma vie en deux parts, de façon à en donner une à vous et l'autre à elle; la moitié à Dieu et l'autre moitié au diable; je me figurais cela.

Il pleurait vraiment.

— Je comptais sans vous. Le ciel m'a frappé dans ce que j'avais de plus cher. Votre ombre a passé sur mon bonheur, et mon bonheur s'est évanoui. Dès que votre nom a retenti dans ma maison conjugale, il n'y a eu place que pour les larmes et que pour la mort. Vous avez tué ma femme. O Christine! toi seule pouvais m'arracher à cette vie infernale! tu es morte, Christine! morte, épouvantée par moi! morte en repoussant mon dernier baiser, en te couvrant la figure de tes mains pour ne pas me voir, morte sans oser me pardonner!

Il s'arrêta, suffoqué.

Les cris lointains des terroristes montaient de la cave, où leur orgie se continuait, jusqu'à la salle à manger, où sanglotait leur hôte.

Le duc de Noyal-Treffléan le regardait.

Accusé, flétri, haï par son complice, c'était le dernier coup!

Et cependant il demeurait impassible.

Il se roidissait contre une émotion qui n'eût été pour lui qu'un symptôme de décadence morale.

Confusément on entendait sortir de la cave :

> Ah! ça ira! ça ira! ça ira!
> Par la liberté tout s'établira!

— Vous voyez donc bien, reprit François Soleil, qu'il faut que je m'amuse après vous avoir tant amusé. Chacun son tour, c'est dans l'ordre. Moi, je ne vous ai tué personne, au moins; tout au contraire, j'ai sauvé la mère de votre fille. Et il n'y avait que moi en France qui pût faire ce miracle.

Laissez-moi donc tranquille, à présent; je me suis usé à ce métier, depuis le temps. Aujourd'hui, je vous demande grâce.

— Eh bien! encore un plaisir, Soleil, un seul.

— Non, je n'en peux plus, mon cerveau est vide, je suis devenu une brute.

— Toi! un homme qui a fait la Révolution!

— J'ai parcouru pour vous tous les cercles des sensations humaines. J'en suis revenu. Je ne pourrais que recommencer. Laissez-moi en repos.

— Encore un plaisir, et ce sera le dernier.

— Non. C'est assez. Voilà que vous devenez vieux; moi-même je ne suis plus jeune. Restons-en là, croyez-moi, il est temps.

— Un seul...

Soleil avança sur lui et le regarda en croisant les bras.

— Oh! mais qu'avez-vous donc dans les veines! s'écria-t-il.

Le duc se mit à rire.

— Comment! continua Soleil, autour de vous tout s'écroule, tout meurt, et au milieu de cette désolation générale, qui atteint même les vôtres, vous n'avez à la bouche que votre mot éternel : « Encore un plaisir ! encore une sensation ! »

— Eh ! réfléchis donc : je suis logique, et toi tu ne l'es pas. Je vais jusqu'au bout, tandis que tu t'arrêtes à mi-chemin, mauvais serviteur !

— Pourquoi ne serait-ce pas vous qui m'amuseriez à votre tour ? Je vous donnerais pour cela les gages que vous me donniez autrefois.

— Oh !

— Vous jugeriez par là de l'agrément que j'ai eu à votre service.

— Tu déraisonnes, Soleil.

— Dame ! voilà tout ce que j'ai à vous proposer, je vous assure.

— Allons ! fais un effort.

François Soleil haussa les épaules et marcha vivement dans la chambre.

— Quel homme ! s'écria-t-il ; quel homme !

Une idée lui vint tout à coup.

— Eh bien ! dit-il en montrant un visage teint des plus sataniques lueurs ; eh bien ! oui, je vous donnerai un dernier plaisir !

— Ah !

— Oui, je vous procurerai une dernière sensation!

— Bravo!

— Et vous en serez satisfait, je vous le jure, dit-il, les dents grinçantes.

— Tu te réveilles enfin!

— Mais après cela ne me demandez plus rien, entendez-vous?

— Rien! prononça le duc de Noyal-Treffléan.

— Ce sera mon chef-d'œuvre, et ce seront les colonnes d'Hercule de votre existence! Cela fait, j'abdique...

— Oui, ajouta le duc en riant, et tu iras faire souche d'honnêtes gens, comme le valet de Turcaret.

— Ah! cela est impossible! dit Soleil avec un soupir; je mourrai dans l'abîme où vous m'avez plongé.

— A quand ton chef-d'œuvre?

— Un mot de moi vous préviendra.

— Il suffit, dit le duc de Noyal-Treffléan en se dirigeant vers la porte.

François Soleil, abîmé dans sa tristesse, ne quitta pas sa place.

Au milieu de l'appartement, le duc s'arrêta et se frappa le front.

Il revint.

— Soleil, dit-il avec un peu d'embarras.

— Quoi encore?

— Prête-moi un louis.

— Non.

— Il ne me reste rien, absolument rien.

— Tant pis pour vous.

— Rien qu'un louis, répéta le duc.

— Ah! vous êtes fatigant! s'écria Soleil en fouillant dans sa poche; tenez, voilà un écu de six livres, et laissez-moi.

Le duc prit l'écu en contraignant les mouvements de son courroux.

— Soleil, n'oublie pas ta promesse, dit-il en sortant de l'appartement; songe à mon dernier plaisir!

Trois jours après ce dialogue, l'ex grand seigneur recevait un billet ainsi conçu :

« Trouvez-vous demain matin, à onze heures, rue de la Mortellerie, devant la maison n° 7, et suivez l'homme qui viendra vous y chercher. »

Nous allons voir quel fut le dernier plaisir procuré au duc de Noyal-Treffléan par François Soleil.

X

Rue de la Mortellerie, sur le seuil du n° 7 (chiffre funèbre par sa configuration de potence), le duc de Noyal-Treffléan attendait avec une patience et un calme, qui prouvaient jusqu'à quel point son fougueux caractère d'autrefois s'était modifié sous la prèssion d'une ruine complète.

Il ressemblait à un bourgeois bénévole qui, ayant perdu sa clef, regarde au loin si le serrurier requis arrive à son secours.

Comme il faisait quelques pas vers le ruisseau, un chariot énorme surchargé de poutres faillit le broyer contre la muraille. Il fut presque tenté de croire que la surprise préparée par Francois Soleil consistait en ce danger d'une invention puérile.

— Ce Soleil est devenu inepte depuis qu'il est riche, pensa-t-il.

Il regarda avec soin au-dessus de son chef, pour s'assurer que nul pot de fleurs ne menaçait son existence.

Enfin ce prologue cessa.

Un homme, sorti de la maison n° 7, frappa brusquement sur l'épaule du duc.

— Es-tu celui que j'attends? demanda cet homme.

— Je m'en doute, dit l'autre.

— Alors suis-moi.

M. de Noyal-Treffléan lui répondit par un geste gracieux qui signifiait : « Vous n'avez qu'à marcher devant. »

L'homme marcha, le duc suivit.

Ce nouveau compagnon était gros taillé du buste; ses mains, larges et velues comme des ventres d'araignées, restaient crochues au bout de ses bras pendants. Plantée sur un cou de veau, sa figure semblait béatement se confier à la garde de deux orgueilleux favoris. A en juger par la mine, ce devait être un maraud propre à tous les métiers, pourvu qu'ils ne fussent pas honnêtes.

Il s'arrêta dans une maison de la rue des Arcis, maison avenante, que le comité de salut public avait dû purger de plusieurs de ses locataires, rentiers tremblotants, convaincus d'appartenir à l'*aristocratie mercantile*.

— C'est au quatrième étage que tu vas faire ta prise d'habit, prononça le guide.

— Ma prise d'habit!

— Ne sais-tu pas ce que cela veut dire?

— Je dois le savoir, va, monte, je te suivrai toujours.

Les menuiseries de l'escalier gémirent sous leurs pas.

— Où peut donc ainsi m'envoyer Soleil? réfléchissait le duc de Noyal-Treffléan; une prise d'habits? Est-ce que l'on voudrait faire de moi un prêtre, un conjuré ou un franc-maçon?

Il soufflait.

— Ces étages sont doubles, murmura-t-il.

— Nous voici arrivés.

Ce fut dans une chambre modeste, mais légèrement menacée par les envahissements d'une coquetterie ambitieuse, que fut introduit le duc. On se serait cru chez une heureuse modiste de province, à voir ce charmant combat du luxe et de la simplicité. Des chaises en bois blanc, une commode à coins de cuivre poli, des gravures coloriées représentant les badinages de Flore et de Zéphyre, de Cupidon et de Psyché, une glace très-claire, voilà ce qu'était cette chambre.

Sur un tabouret, il y avait un paquet ployé dans un mouchoir de coton.

— C'est ton affaire, dit l'homme.

— Ah!

— Dépêche-toi, car tu sais que c'est pour midi.

— Me dépêcher... à quoi faire?

— A revêtir ton costume. Qu'attends-tu encore, puisque je te répète que le voilà!

— Mon costume?

Décidé à entrer, les yeux fermés, dans les combinaisons de Soleil, le duc de Noyal-Treffléan s'empara du paquet que lui montrait son abrupte compagnon. Il l'ouvrit et commença à revêtir les habits qu'il contenait: d'abord un grand gilet de médiocre goût, ensuite un pantalon à raies bleues; plus, une lourde carmagnole.

Cette carmagnole, il la retourna et la retourna avant de l'endosser.

De petites taches rougeâtres, répandues sur les manches, avaient attiré ses regards.

— C'est sans doute un costume de boucher que l'on me donne, supposa-t-il, après avoir reconnu que ces points ternes étaient des gouttes de sang.

— Tu n'as pas fini? grommela l'homme.

Le duc endossa la carmagnole.

— Voilà qui est fait, dit-il.

— Tu oublies la coiffure.

— Où donc est-elle, la coiffure?

— Au fond.

L'homme ayant secoué le mouchoir de coton, un gros bonnet rouge sauta comme un crapaud sur les mains du duc.

— Tiens! dit celui-ci, il a une bien belle cocarde!

— Tu peux être fier, car ce sont les propres habits du maître que l'on te confie.

— Propres... murmura M. de Noyal-Treffléan; mais de quel maître parles-tu?

— De Sanson, parbleu!

— Le bourreau! ce sont les habits du bourreau!

— Ah çà! te moques-tu de moi avec ton air d'ignorance?

Le duc alla vivement se placer devant le miroir. L'ensemble de sa toilette parut le frapper.

— Le bourreau! balbutia-t-il.

— Tu lui ressembles presque, dit l'homme en riant; à vingt pas on y serait trompé.

— Où suis-je donc ici?

— Nous sommes chez lui, chez Sanson.

— Chez Sanson!

— Mais... où donc croyais-tu être, citoyen?

M. de Noyal-Treffléan ne répondit pas.

— Chez Sanson!

Lorsqu'il eut minutieusement examiné la chambre, les chaises blanches, les gravures coloriées, le plafond enjolivé, le parquet ciré, il se retourna vers son compagnon et il lui dit :

— J'aurais été enchanté de causer avec lui. Est-ce que je ne puis le voir?

— Tu sais bien qu'il n'est pas à Paris aujourd'hui.

— Et où est-il?

— A Montreuil-sous-Bois.

— Quelque festin de chauds patriotes aura réclamé son auguste présence.

— Tu calomnies l'austérité de ses mœurs par tes suppositions.

— Alors dis-moi ce qu'il a été faire à Montreuil.

— Il est allé souhaiter la fête à sa mère.

— Vraiment?

— Mais tu es curieux comme un agent de la réaction, citoyen. Voici l'heure qui approche; descendons tout de suite si nous voulons être rendus à midi.

— Descendons, dit le duc.

Néanmoins, au moment où, affublé du terrible costume, il sortit de la jolie demeure de Sanson, il éprouva ce trouble qu'il craignait tant d'avoir à jamais perdu. Où le conduisait-on et quelle nouvelle surprise lui était réservée? Cette question commençait à remuer sa cervelle.

Son compagnon hâta le pas en se dirigeant vers les Champs-Élysées.

Il y avait foule, comme toujours, sur la place de la Révolution. Les abonnés attendaient en mangeant des cerises. Les marchandes d'eau-de-vie parcouraient les rangs distribuant leur boisson et étouffant sous leurs criailleries la voix des petites filles qui offraient des cocardes et des bouquets à ce monde étrange.

Un mouvement s'opéra parmi le peuple. Toutes les têtes se retournèrent pour saluer celui qu'on croyait être Sanson. Mais les claqueurs ordinaires reconnurent bientôt que c'était à une doublure et non au chef d'emploi qu'ils avaient affaire. Les gens de province ou les curieux venus pour la première fois furent les seuls qui s'y laissèrent prendre, l'habit étant l'homme pour eux.

— C'est Sanson, disaient-ils en se rangeant à l'approche de M. le duc de Noyal-Treffléan.

— Dieu! qu'il a l'air farouche! s'écriait un Gascon.

— Il devient vieux, le cher homme! soupirait une femme d'Orléans.

— Grand-prêtre de la Liberté, ton nom sera inscrit au Temple de Mémoire! prononçait avec emphase un exalté de Besançon.

Le duc marchait la tête haute, ne répondant à aucune de ces flagorneries. Pourtant, l'émotion commençait à ébranler ce cœur de fer.

Son compagnon, arrivé devant le cercle formé par

les gendarmes autour de la machine à supplice, fit un signe, et peu s'en fallut qu'on ne lui présentât les armes à lui et au duc.

Ils pénétrèrent dans l'enceinte réservée.

— Maintenant, dit l'homme en montrant une chaise sur l'échafaud, tu n'as qu'à t'asseoir et à attendre qu'on t'envoie de l'ouvrage.

M. de Noyal-Treffléan eut un tressaillement.

— De l'ouvrage? répéta-t-il.

— Ne crains rien, tu en auras... A moins que ces gredins d'aristocrates ne nous aient joué le tour de se faire acquitter.

— Allons, murmura le duc, Soleil a moins vieilli que je ne pensais; ce quart d'heure est assez vif.

D'un pas ferme il gravit l'escalier rouge.

Il alla s'asseoir sur la chaise indiquée.

Que faire en pareil cas, à moins que l'on ne songe?

Ses yeux transportèrent son imagination aux Tuileries, dans ce jardin vert et beau que l'on avait respecté, par une fantaisie inexplicable. Il alla plus loin, il entra dans le palais même; il crut voir dans les salons les portraits des Noyal, ces Bretons sévères, qui lui disaient :

« Que fais-tu là-dessus? est-il vrai que tu sois des nôtres? Se peut-il que tu aies été procréé par un honnête homme et par une sainte? Viens-tu ici pour renverser l'échafaud ou pour lui apporter ta tête? entre ces deux alternatives, il n'est pas de probe milieu. »

Cette vision troubla M. de Noyal-Treffléan; il se leva et secoua son front. Il cherchait un sujet de distraction, son pied heurta un petit livre relié en maroquin, doré sur tranche; il le ramassa et vit que c'étaient les poésies de madame Deshoulières.

— Ah! à la bonne heure, dit-il en se rasseyant pour parcourir le volume.

Charmant petit livre, tu avais bercé les douces rêveries de quelque blond chevalier! Peut-être t'avait-il embelli de la sorte afin de te glisser, porteur d'un billet amoureux, sur la fenêtre de sa fiancée; peut-être étais-tu accoutumé à être lu par deux lecteurs à la fois, comme le roman de Lancelot; peut-être te croyais-tu un gage de bonheur! Et de la poche d'un condamné à mort, voilà que tu es tombé sur ces planches immondes, et de là aux mains de M. le duc de Noyal-Treffléan!

Pendant quelques minutes, il lut, comme on lit pour soi; mais la populace, impatientée de voir le bourreau afficher tant de nonchalance, se prit à huer et à siffler.

Le duc ne s'aperçut pas d'abord que ces témoignages de désapprobation s'adressaient à lui.

Dès que les cris redoublèrent et qu'il vit les regards braqués sur lui, d'un geste il réclama le silence.

Quoi qu'on en dise, le peuple n'est pas si mal élevé qu'il refuse d'écouter un orateur qui a pour tribune l'échafaud.

Le duc s'exprima ainsi :

— Me sera-t-il permis, puisque vous ne faites absolument rien, ni moi non plus, de vous communiquer une des merveilles de la poésie du grand siècle?

Et à haute voix il lut :

> Dans ces prés fleuris
> Qu'arrose la Seine,
> Cherchez qui vous mène,
> Mes chères brebis.

Les sans-culottes n'avaient guère entendu son préambule. La lecture de ces quatrains si doux et si laineux leur expliqua quel genre de divertissement on leur proposait.

Lefranc de Pompignan a placé dans certaines bouches noires du désert des clameurs très-sauvages sans doute; mais en mettant de côté la partialité dictée par l'esprit de couleur, je déclare ici que les vociférations de la horde jacobine furent au-dessus de toute comparaison.

Le duc, étonné de leur profonde horreur pour la poésie, persista vainement :

J'ai fait pour vous rendre
Le destin plus doux,
Ce qu'on peut attendre
D'une amitié tendre;
Mais le sort jaloux
Détruit, empoisonne
Tous mes soins pour vous.

Alors il reprit son siége, et continua de lire pour lui seul, ce qui ne tarda pas à l'assoupir.

Turenne avait sommeillé sur un canon; il était juste que M. de Noyal-Treffléan fît la même chose sur un échafaud.

Sans les rumeurs de la foule, il eût longuement savouré la coupe de Morphée.

Mais ils se livraient à un vacarme, ces sans-culottes!

Alors le duc, qui n'aimait pas à être troublé dans ses moments de repos, fronça le sourcil, et il allait sans doute injurier cette multitude surnommée alors la *huaille*, lorsque son compagnon monta précipitamment vers lui.

— Voilà la charrette ! dit ce dernier.

— Que m'importe?

— Cela t'importe, puisque c'est toi qui...

Un geste précis dévoila au duc l'office horrible qu'il était appelé à remplir.

— Moi! s'écria-t-il.

— Sans doute, puisque tu as bien voulu remplacer Sanson pour un jour.

— Remplacer Sanson !

— Çà, dit un des aides, est-ce qu'il y a longtemps que tu n'as exercé?

— Oui, il y a longtemps.

Une petite sueur perlait au front de ce formidable personnage. La nature reprenait son empire sur lui. Il était devenu pâle, et il se disposait à abandonner ce piédestal ignoble.

— Où donc vas-tu? C'est à nous à aller recevoir les *paquets;* toi, tu dois attendre, tu es chez toi ici, tu es censé le maître de la maison, quoi!

— Je ne puis pas descendre?

— Non.

— Et si je voulais?

— Mais est-il bizarre, ce citoyen! On lui dit que c'est l'étiquette, et il n'en tient pas compte.

— Patience donc! cria un autre, la besogne ne sera pas longue, il n'y a qu'un condamné dans la charrette.

Effectivement, ce jour-là, chose phénoménale et incroyable, il n'y avait qu'une tête à couper.

Néanmoins le duc trouvait que c'était trop, et il s'avançait déjà, résolu à dire :

— Je ne suis pas Sanson, je suis le duc de Noyal-Treffléan.

Mais en levant les yeux vers le condamné, il demeura foudroyé de surprise.

C'était François Soleil.

A la suite de son dîner, un des convives, qui n'avait pas trouvé le vin bon, s'était empressé d'aller trouver le comité de salut public; et grâce à une dénonciation bien détaillée, François Soleil avait été arrêté, jugé et condamné en quarante-huit heures.

Le duc ne songeait plus à abdiquer ses fonctions de bourreau.

Il regardait venir son ancien serviteur.

Il le regardait monter.

François Soleil l'avait aperçu et reconnu. Il pâlissait, car le duc de Noyal-Treffléan le guillotinait déjà de son sourire.

En mettant le pied sur l'échafaud le cœur lui manqua.

— Grâce! balbutia-t-il quand il fut à deux pas du duc.

Le duc prit carrément la place du bourreau.

Et lorsque Soleil eut été étendu sur la planche à bascule :

— Ma foi! lui dit-il en se penchant, voilà en effet le meilleur de tes tours!

Et le duc de Noyal-Treffléan tira le cordon, pour ouvrir à François Soleil la porte de l'éternité.

CINQUIÈME PARTIE

I

— Je t'aime!

C'était sous une tonnelle embaumée que résonnait doucement ce mot, murmuré à l'oreille d'une jeune fille et à une portée de lèvres de son cœur.

Pour qu'elle l'entendît mieux, ce mot, tout avait fait silence autour d'elle, les insectes dans les herbes, le vent dans les arbres. Il faisait un grand jour blanc et bleu.

— Je t'aime!

On était au mois d'août, mois brûlant et joyeusement vert, mois des raisins. La journée décroissait, et les murs commençaient à allonger leur ombre paresseuse sur les routes, toutes éclatantes d'une poussière fine et reposée. Immobile comme une peinture, le paysage se détachait avec un relief surprenant sur un horizon d'une crudité napolitaine.

Une lourde charrette passait, traînée par une paire de gros bœufs en sueur. Elle mettait une heure à parcourir un quart de lieue. C'était la partie vivante du tableau. Un pâtre dormait, la tête dans du foin. Quelquefois aussi, un oiseau, *bouquet harmonieux*, selon une expression de l'*Encyclopédie*, s'échappait d'une touffe de bruyère, en jetant un cri; on le voyait monter rapidement, tourner, puis redescendre et se perdre dans un massif.

Les moulins n'allaient plus. Des gouttes de sueur coulaient de leurs ailes.

— Je t'aime !

Cela se passait au Bas-Meudon, presque au bord de la Seine, à deux pas de la capitale du monde sanguinaire. L'amour était revenu de l'émigration.

Que de bonheur enfermait cette tonnelle ! Chastes enfants, la poésie descendait sur eux par les épées d'or du soleil, par la vapeur céleste, par les branches entrelacées sur leurs fronts, par les parfums errants ! La poésie leur souriait ; elle se faisait l'humble servante de leur jeunesse et de leur amour, et pour cela elle ne leur demandait rien, rien qu'un regard d'admiration ou une parole : « Mon Dieu! que c'est beau! »

Comme un filet d'argent incrusté entre des boiseries vertes, la rivière passait, unie et resplendissante, sans faire de bruit et sans vouloir déranger personne.

— Je t'aime!

La tonnelle était bien petite. Tout juste la place de deux amants. Ni l'un ni l'autre ne songeaient à s'en plaindre. Autour d'eux, les feuilles se resserraient pour les cacher au jour trop ardent. Parmi le gazon où posaient leurs pieds, quelques fleurs de pauvre, bleuâtres ou roses, poussées dans des coins, les regardaient avec discrétion.

Rien de gai comme une tonnelle. Les Allemands le savent bien, eux qui en mettent au bout de tous leurs jardins, pour venir y philosopher et jouer du violon.

Ces fragments de vieux châteaux, ces ruines qui ne sont plus bonnes qu'à fournir des sujets pour la mine de plomb où la sépia, ces arceaux gothiques valent-ils, dans leur majesté pesante, une seule de ces petites boîtes feuillées contenant un couple d'amoureux, comme un nid contient un couple d'oiseaux, et que je m'étonne souvent de ne pas voir s'envoler toutes seules, pour aller se placer dans le ciel !

— Je t'aime !

Au milieu de cette nature si radieuse dans son calme, ce mot était né tout naturellement sur les lèvres du jeune homme. La jeune fille n'avait pas répondu ; cœur qui approuve, bouche muette.

Elle n'avait même pas rougi ; ce qui aurait beaucoup étonné Sterne, si le hasard l'eût fait passer par là.

Non loin d'eux s'élevait, entre deux peupliers, une maisonnette grisâtre, à deux étages seulement, une oasis encore. L'œil se reposait avec douceur sur ces volets, par l'entre-bâillement desquels on voyait flotter une mousseline agitée par un vent frais.

— Je t'aime !

Ai-je dit que ces deux amoureux étaient Émile et Trois-Mai ? D'ailleurs, qui cela aurait-il pu être ? Il ne reste plus qu'eux seuls dans mon œuvre, pour aimer. Ce sont les deux têtes sympathiques sur lesquelles j'ai placé mon espoir et ma confiance ; elles intercéderont auprès du lecteur pour les scènes violentes que j'ai dû évoquer.

Hélas ! les murailles de l'histoire se dressant de toutes parts autour d'elles, ont souvent comprimé les mouvements de leur âme. Cela a été une nécessité funeste.

La part du cœur est petite dans ce livre, je le sais. Mais qu'on examine quelle fut la part du cœur dans toute cette fin du dix-huitième siècle ; qu'on me cite les amants célèbres de ce temps-là ; ou si l'on ne peut les citer, du moins qu'on se les imagine !

Heureux les romanciers qui, frétant la barque de Cupidon, peuvent accomplir le long de cinq ou six volumes ce voyage tant de fois recommencé autour des passions amoureuses. Heureux l'auteur de la *Clarisse* et l'auteur de la *Manon Lescaut !* Heureux ces écrivains qui placent le monde dans un boudoir ou dans un grenier, à qui il ne faut, pour installer leur drame ou leur roman, qu'un espace de quelques pas, de quoi seulement y traîner les genoux de leur héros ! Ils peuvent s'extasier à leur aise sur le son d'une parole, sur le frisson d'une boucle de cheveux! Ils peuvent, tant qu'ils veulent, suivre une robe à la trace, et s'accouder à deux, le soir, sur des balcons? Le lecteur les aime ceux-là, et je le conçois : ils sont si bons pour le lecteur, ils ont tant de ménagements pour lui! Après qu'ils l'ont fait larmoyer, ils ne manquent jamais de lui essuyer les yeux. Ils fournissent les larmes et ils fournissent le mouchoir. Ils provoquent l'attendrissement par tous les moyens possibles; ils font appel aux souvenirs d'enfance, aux désirs romanesques, à la générosité. Ce sont de bons auteurs et ce sont des auteurs heureux. Ils n'empruntent qu'à leur cœur. Peu leur importent Charlemagne et Ptolémée, Caton et Robespierre. Où va ce jeune homme qui pénètre la nuit dans cette chambre où veille une lueur pâle? Pourquoi cette femme, si jeune et si belle, est-elle noyée dans les larmes? Et voilà leur récit entamé; ils n'en demandent pas davantage, l'imagination les prend en croupe. Ils ne font pas peur aux jeunes filles. Ils ne rappellent rien de fatal aux pères et aux grands-pères. On sait que leurs spectres ne sont pas des spectres historiques.

La part du cœur, romanciers, ne l'oubliez jamais; faites-là toujours la plus large que vous pourrez. Ce ne sont pas des *Iliade* qu'il faut aux multitudes. La note émue de Béranger s'introduisit et descend bien mieux dans les caves de l'intelligence que la gamme retentissante d'Homère!

Arrêtons-nous donc un instant sur ce tableau d'amour et de vertu que ma plume eût désiré rencontrer plus tôt, et que toujours l'action barbare a jusqu'à présent repoussé.

— Je t'aime!

Les mains de Trois-Mai et d'Émile s'étaient réunies.

Depuis plusieurs mois ils habitaient cette petite maison de campagne avec madame la marquise de Perverie, qui, après le 9 thermidor, était rentrée dans presque tous ses biens.

Jusqu'à cette époque, le dévouement du bon majordome Turpin n'avait pas failli un seul jour à ces trois personnes si dignes d'intérêt. Il avait abandonné sa table d'hôte de la rue du Chevalier-du-Guet, pour mieux se consacrer à leur service.

Mais ce qu'il n'avait pas abandonné, c'étaient ses

principes républicains; une teinte de misanthropie s'était glissée dans son caractère, du jour où il avait été forcé de quitter le bonnet rouge.

Pour Émile, après avoir essayé de plusieurs métiers il avait pensé à se faire auteur.

Comment s'élever au rang de sa fiancée et de Madame de Perverie sinon par l'intelligence, cette fée superbe qui cloue des ailes au dos du malheureux le plus disgracié de fortune et de naissance? Il avait l'exemple d'Amyot et d'Alembert, un autre aussi qui se dressait devant lui avec une irrésistible puissance : celui de Rousseau.

Tous ces hommes et tant d'autres qui constellent de grains d'or le firmament de l'histoire, étaient sortis de la foule, faibles et inconnus, et par leur génie ils avaient forcé la France à retourner la tête pour les admirer et saluer leur marche triomphale.

— Je ferai comme eux! s'écria-t-il.

Il composa un roman et fit deux ou trois pièces de théâtre.

Le roman avait obtenu un succès tranquille, mais honorable.

Ses ouvrages dramatiques avaient moins réussi.

Toutefois on s'accordait en maints lieux à lui reconnaître de l'imagination, du feu, et de la force dans la pensée.

Avec le caractère qu'on lui sait et après les événements auxquels on l'a vu mêlé, ce jeune homme ne pouvait réellement pas être autre chose qu'un auteur.

Le rêve primait l'action en lui, et, par un de ces hasards si déplorables et si communs, toujours l'action l'avait accaparé et tordu.

Malgré le trouble des temps, Émile était en droit d'espérer une position suffisante; car il tenait du ciel deux inappréciables dons, l'amour et l'esprit de conduite, qui ont mené si loin tant d'hommes intelligents.

La France commençait à reprendre haleine.

Elle était parvenue à se délivrer de son cauchemar terroriste, et, sans voir encore bien clair dans son avenir, du moins y voyait-elle un peu dans son présent.

Il n'en fallait pas d'avantage pour mettre la plume à la main de quelques esprits originaux et pour rendre aux arts leur part modeste dans les préoccupations publiques.

Émile, Trois-Mai et la marquise de Perverie vivaient donc à peu près heureux dans cette retraite du bas-Meudon.

— Vois, disait le jeune homme à la jeune fille, comme le ciel se montre beau et bon pour nos amours! comme la nature verdoyante semble nous reconnaître pour ses enfants! comme nous faisons bien de nous aimer!

Terrassés par la chaleur, les oiseaux ne chantaient pas. Ils étaient, eux, les seuls oiseaux de ce paysage.

Il y avait une demi-heure déjà que durait leur entretien, et il n'était pas près de finir, lorsqu'un bruit de feuilles se fit entendre tout auprès d'eux.

Leurs têtes se levèrent à la fois.

C'était la marquise de Perverie qui arrivait pour les surprendre.

Ils ne furent pas confus, car ils n'avaient aucun reproche à se faire.

— Faut-il donc venir vous chercher, mauvais enfants qui me donnez tant d'inquiétude? Ce soleil vous fera du mal, je vous l'ai dit bien des fois. Rentrez au logis

Trois-Mai prit le bras d'Émile.

La marquise marchait en avant.

Tous trois arrivèrent ainsi à la maison des peupliers.

Une fois qu'ils furent entrés dans un petit salon décoré avec simplicité et goût, madame de Perverie alla s'asseoir à sa broderie, près de la fenêtre.

La jeune fille se mit à ses genoux sur un tabouret.

Émile, resté debout, examinait ce tableau délicieux.

Après quelques minutes données au silence, la marquise abaissa les yeux sur Trois-Mai.

Et lui prenant une main dans les deux siennes :

— Mes amis, dit-elle, il est temps de vous marier.

Ces paroles firent épanouir deux roses sur les joues de la jeune fille.

Émile en trembla de bonheur.

— Nous marier?... balbutia Trois-Mai.

— Oui, continua la marquise, il faut qu'un mi-

ministre de Dieu bénisse l'union de vos deux cœurs et sanctifie votre amour.

— Madame de Perverie a raison, Trois-Mai, murmura Émile en se rapprochant des deux femmes.

— Croyez-vous que ce ne soit pas mon vœu le plus cher ? répondit la jeune fille en lui adressant un regard de reproche ; mais vous savez bien que je ne m'appartiens pas ?

— Que voulez-vous dire ?

— Ma mère est morte, mais mon père existe.

— Votre père ? prononça la marquise avec un froncement de sourcils qui indiquait une juste aversion.

— Quels qu'aient été ses torts, reprit Trois-Mai avec un accent ferme, je ne puis ni ne dois disposer de ma main sans son agrément.

— Hélas ! ma pauvre enfant, votre père ne pense sans doute guère à vous.

— Vous oubliez, madame, que sur une prière de moi, il a cependant sacrifié toute sa fortune.

Un silence suivit ces quelques mots.

Il n'appartenait qu'à la marquise de le rompre,

ce qu'elle fit avec un mécontentement mal dissimulé.

— Mais votre père, ma chère Trois-Mai, nul ne sait ce qu'il est devenu; deux ans se sont écoulés depuis que vous n'avez eu de ses nouvelles.

— C'est vrai.

— Qui vous dit qu'il n'est pas allé rejoindre votre malheureuse mère au tombeau !

La jeune fille inclina la tête sans répondre.

Mais, en surprenant le regard d'Émile attaché sur elle, une larme parut au bord de ses paupières.

— Trois-Mai ? s'écria-t-il.

— Non, quelque chose me dit que mon père n'est pas mort, un des noms les plus fameux de France ne s'éteint pas ainsi dans l'obscurité, croyez-moi.

Émile réfléchit un instant.

— Ainsi, demanda-t-il, ce n'est rien que le consentement de votre père qui vous arrête ?

— Qui pourrait m'arrêter encore ?

— Ce consentement obtenu, la fille du duc de Noyal-Treffléan accordera sans regret sa main à l'humble enfant de l'hospice ?

— Ne lui a-t-elle pas déjà donné son cœur ? répondit Trois-Mai avec une ineffable expression.

— Eh bien ! si votre père existe, soyez sûr que je le trouverai. Je pars demain pour Paris.

— Vous nous quittez ? murmura la marquise de Perverie.

— Pour revenir bientôt.

— Dieu vous conduise alors ! soupira-t-elle ; mais je doute du succès de votre entreprise. Si le duc eût été vivant, le bruit de ses folies nouvelles fût parvenu depuis longtemps jusqu'à nous.

— Madame... supplia Trois-Mai.

— Que voulez-vous, chère enfant ? vous ne m'ôterez pas mes appréhensions.

— Rappelez-vous que le duc a passé soixante et quinze ans, objecta Émile à son tour.

— Et vous aussi, dit la marquise en souriant avec amertume, vous le connaissez si peu ! Ah ! l'on voit bien qu'il ne vous a pas fait autant de mal qu'à moi...

Elle ferma les yeux, mit sa main sur son front et resta quelque temps en rêverie.

Les deux jeunes gens respectèrent cette douleur.

Mais à la dérobée, Trois-Mai trouva le moyen de serrer la main d'Émile, en témoignage de reconnaissance.

La marquise de Perverie se remit ensuite à sa broderie.

— La belle journée! dit-elle en écartant le rideau de la fenêtre.

II

Émile partit pour Paris le lendemain matin, après avoir promis à Trois-Mai de lui écrire pour lui faire part du résultat de ses démarches.

Il fut frappé de l'animation singulière et folâtre qui régnait dans les rues, après la tristesse sombre qu'il avait eu tant de fois l'occasion d'observer. La *Jeunesse dorée,* menée par le fils de Fréron et par Barras, remplissait d'extravagance et de gaieté cette ville si longtemps vouée à la décapitation.

Des voitures de toute sorte faisaient voler la poussière des Champs-Élysées, lorsqu'il entra. C'étaient des cabriolets-solo avec des sonnettes, des carriks attelés de deux coursiers, des tape-culs nouveaux, des berlines aux stores coloriés, des chars antiques. Un auteur satirique du temps écrivait : « On va chez ses créanciers en *demi-fortune*, chez son mari en *dormeuse*, chez son amant en *diligence.* »

Plus Émile avançait dans Paris, plus l'étonnement le gagnait. Il interrogeait de temps en temps sa mémoire, afin de bien se convaincre que l'époque du carnaval était passée depuis six mois.

Moi, du reste, qui me passionne aisément pour toutes les excentricités de l'histoire, c'est à peine si je crois au Directoire et à ses pompes. Les estampes fidèles de Carle Vernet et les remarquables aquatintes de Debucourt me laissent dans un ahurissement voisin de l'incrédulité. Je n'ose pas envisager d'un œil sérieux la réalité de ces personnages vêtus en jockeys, en mylords, en généraux, en paillasses et en postillons.

Cette orgie de rubans de mousseline, de cadenettes, de bâtons noueux, d'habits sans fin, de breloques, de bas chinés, cet abus du fantasque et de l'impossible me précipite dans des stupéfactione que je ne cherche pas à dissimuler. Les hommes et les femmes du Directoire ressemblent à tout ce qu'on voudra, excepté cependant à des femmes et à des hommes. Leur langage même ne se rattache à aucune tradition. Je crois voir des pantins, je crois ouïr des vaucansonneries; je cherche la boîte d'où ils ont pu s'élancer.

Émile donna quelques heures à la contemplation de ce spectacle inouï. Ensuite il s'occupa activement du duc de Noyal-Treffléan, et s'en alla demander de ses nouvelles à d'anciens Jacobins qu'il avait connus lors de son emploi chez Robespierre.

Ils lui apprirent que le duc avait été condamné par le tribunal terroriste, mais qu'il était parvenu à s'évader de la prison où il avait été renfermé, fait d'autant plus extraordinaire qu'à l'époque de son incarcération il ne possédait pas un sou vaillant.

— Peut-être a-t-il passé à l'étranger, lui dit-on; mais si, contre toutes les prévisions, il est resté à Paris, il n'y a qu'un endroit où vous puissiez espérer le voir.

— Quel endroit? demanda Émile avec empressement.

— Le *Bal à la victime*.

Il y avait alors deux cents bals à Paris.

Deux cents !

Ceux de Ruggieri, de Lucquet, de Mauduit, de Wenzel et de Montansier étaient les plus célèbres. Mais les Bals à la victime se tenaient seulement à l'hôtel Richelieu, palais enchanté, décoré par des palettes d'Opéra et étincelant de lumières du plancher au plafond. Dès qu'on y mettait le pied, c'était une cohue d'aigrettes, de dentelles, de gaze; robes athéniennes, sandales romaines, diadèmes de brillants, coiffures en anneau de Saturne, chignons à la Nina ou bonnets au *repentir d'Eulalie*, boucles de cheveux morales et sentimentales, collets noirs et collets rouges, pantalons féminins couleur de chair, chemises de linon, chevelures blondes empruntées aux têtes des guillotinés, éventails verts et cassolettes, tout un chaos de lumière, de peau, d'étoffes et de métaux, fouetté par un fougueux orchestre.

Lorsqu'Émile entra, il fut ébloui.

Des chars attelés de colombes et guidés par des Vénus étaient peints au plafond, se dirigeant à travers des nuages qui éblouissaient, percés par des rayons de soleil. C'était l'Aurore aux doigts fleuris, c'était Hébé, c'étaient des chœurs de nymphes.

Sans guide, il marcha au milieu des femmes transparentes et des hommes enharnachés comme des paysans fastueux. Il se fraya un chemin entre les chapeaux à la prussienne, les gilets anglais, les chemises hollandaises et les bottes russes. En passant, il défrisa bien quelques coiffures à la Titus, à l'Alcibiade et à la Caracalla. Il alla, coudoyant danseurs et danseuses, causeurs et causeuses, dans la vapeur rougeâtre où ils se mouvaient, les regardant tous en face, afin de voir s'il ne reconnaîtrait point parmi eux celui qu'il cherchait, le père de Trois-Mai, le duc de Noyal-Treffléan.

Il fallait qu'il le trouvât, car c'étaient tous les gens sans cœur de la France qui s'étaient donné rendez-vous dans cette salle étouffante, tous les cyniques, toutes les courtisanes, tous les égoïstes, tous les Don Juan, toute l'écume éclatante et bruyante de ce pays sans pareil. Le duc devait se trouver là, au milieu, au sommet!

Émile tournait la tête en tous les sens. Mais il ne le voyait pas encore.

En revanche, il vit quelques-unes des célébrités d'alors; il vit Garat, l'homme-rossignol, personnage arrogant, et qui poussait jusqu'au ridicule l'amour de lui-même. Garat, pour se singulariser, était venu en habit négligé, en bottes, les cheveux en désordre. Il se donnait les airs d'un homme de cour, et se carrait au milieu de cinq ou six fanatiques, mendiants de roulades, qui lui faisaient cortége.

Il vit madame Tallien, l'âme de toutes les fêtes du Directoire. C'était une belle femme qui n'accusait guères plus de vingt-cinq ans, tête espagnole, sourire français. On ne savait ce que l'on devait le mieux admirer en elle, ou de la richesse de sa taille ou de la perfection de son bras. La critique ne pouvait s'attaquer qu'à son nez, qui, dans le fait, était assez vilain. Elle était vêtue à l'antique et chaussée de cothurnes. Une tunique diaphane laissait presque toute la gorge à découvert, et du milieu de ses magnifiques cheveux noirs s'échappait un croissant de diamants.

D'autres femmes suivaient madame Tallien, les unes en perruque à la Bérénice, les autres en habit d'amazone avec un bonnet de velours écarlate posé sur le côté de la tête; celles-ci avec un chapeau à lucarne et un châle rouge; celles-là en spencer et en casquette anglaise; quelques-unes avec turbans inondés de perles. C'étaient toutes des merveilleuses émérites; elles marchaient en ramenant les plis de leurs robes sur le bras droit, laissant voir leurs bas à coins rapportés ou leurs bottines à l'écuyère. Leur bourse était appendue à la ceinture, et, comme elles n'avaient pas de poches, elles faisaient porter leur mouchoir et leur éventail par des jeunes gens, qui les suivaient en papillonnant autour d'elles à l'instar des sigisbés d'Italie.

Il y avait des femmes qui dansaient en s'accompagnant du tambour de basque; il y en avait d'autres qui jouaient de la harpe sur des estrades ornées de draperies.

Dans les pièces attenantes, des tables étaient dressées et surmontées de fruits à la glace, de cœurs à la fleur d'orange, de perdrix. Une population d'agioteurs s'y pressait. On causait politique, dans les entr'actes laissés par le violon de Rode.

— *Paole victimée!* cela ne peut pas durer, disaient

les incroyables, que l'on appelait aussi des *bêto-crates*.

Émile, emporté par tous les groupes, se hissait vainement sur les banquettes de velours et sur les chaises. Il ne voyait rien venir.

Pas de duc.

Une fois cependant, il crut apercevoir dans une galerie supérieure cette figure tant désirée; mais lorsqu'au bout d'un quart d'heure il arriva au faîte de l'escalier, la figure avait disparu. Il s'informa, il courut inutilement. Beaucoup le prirent pour un fou, quelques-uns pour un amoureux; on le bouscula, et on lui rit au nez.

Toute la nuit se passa de la sorte pour Émile, car il persista à ne quitter le *Bal des victimes* que lorsqu'il fut bien convaincu de l'absence du duc de Noyal-Treffléan.

Alors seulement il quitta l'hôtel Richelieu.

Il était trois heures et demie du matin. La lumière brouillardée descendait sur les toits de Paris; de lointaines rumeurs commençaient. C'était plaisir de marcher sur le pavé blanc et désert. Émile s'en allait droit devant lui, songeant et les yeux baissés.

Il traversa la Seine.

Il erra sur les quais, regardant les barques sommeiller.

Il s'engagea dans la Cité, qu'il avait habitée jadis et qu'il trouva dormant.

Un vent frais se dépêchait à souffler avant que le soleil ne vînt l'abattre sur place.

Émile marchait toujours.

Il entrait dans la rue de la Vieille-Draperie, lorsque tout à coup il recula effrayé... Au-devant de lui, presque sous ses jambes, un homme venait de surgir d'un trou.

Cet homme portait une pelle, un seau et un barillet au côté. Il était couvert de boue; il avait de hautes bottes.

Cet homme regarda Émile, et parut étonné.

Émile poussa un cri.

Sous ce costume étrange et souillé, il venait de reconnaître le duc de Noyal-Treffléan.

— Tiens! tiens! dit le duc en posant son seau à terre.

— Vous! murmura Émile.

— Moi, répondit le duc de Noyal-Treffléan, moi-même.

— Oh!

— Ah çà! l'on dirait que c'est la première fois que vous voyez sortir quelqu'un d'un égout.

— Un égout! répéta Émile, sur la figure duquel se peignit l'horreur.

— Oh! un petit égout! dit le duc; mais permettez-moi de retirer mon échelle, car avec tous vos étonnements vous me tiendriez là une heure...

Il se pencha, amena à lui une longue échelle, et, avec une barre de fer, il replaça la trappe ferrée qui bouchait l'orifice de l'égout.

— Là!... dit-il quand il eut fini son opération.

Puis, portant son barillet à ses lèvres, il but lentement quelques gorgéès d'eau-de vie.

Émile était pétrifié.

— Parbleu! mon jeune ami, s'écria le duc, vous faites une drôle de figure; est-ce que vous ne seriez encore pas bien certain de mon identité?

— Ma foi, monsieur, s'il faut l'avouer, répondit

Émile, j'hésite en effet à retrouver un Noyal-Treffléan sous cet habit.

Émile se croyait le jouet d'un rêve; il ne se lassait pas de regarder le trou et de regarder l'homme, ses mains noires et mouillées, ses vêtements infects.

— Est-ce que vous auriez mieux aimé ne pas le retrouver du tout?

— Comment cela?

— Ce serait trop long à vous expliquer en ce moment, et le temps me manque.

— Mais il n'est pas cinq heures, dit Émile.

— Justement, c'est l'heure de mon travail; j'ai à parcourir deux lieues d'*égout de ceinture.*

Émile n'entendait rien à ce langage; il ne comprenait qu'une chose, c'est que le duc de Noyal-Treffléan allait encore lui échapper, et il fallait qu'à tout prix Émile l'entretînt à l'instant même.

— J'avais à vous parler de votre fille, lui dit-il en essayant de le retenir par le cœur.

— Ah! ah! de ma fille, de Trois-Mai? Eh bien! parlez-m'en en quatre mots. Comment se porte-t-elle, ma fille?

— C'est que... ce que j'avais à vous en dire est un peu long.

— Diable! je ne vois pas alors comment faire, dit le duc.

— Ne pouvez-vous donc disposer d'une heure?

— Impossible, je serais mis à l'amende... et l'ouvrage avant tout!

— Eh bien! une demi-heure seulement.

— Non.

Émile ne voulait pas le lâcher.

Le duc de Noyal-Treffléan, frappé de cette obstination, réfléchit.

— Il n'y a qu'un moyen, dit-il, de concilier mon devoir avec votre désir.

— Lequel? demanda Émile empressé.

— C'est de me suivre.

— Vous suivre... où cela?

— Dans l'égout Saint-Michel, où je travaille, répondit le duc.

— Soit! prononça le jeune homme.

— Venez donc.

Et, se baissant, le duc de Noyal-Treffléan ramassa sa pelle et son seau, mit l'échelle sous son bras, et il se dirigea par la rue de La Harpe vers l'égout Saint-Michel.

Émile le suivit.

III

Qu'on se rappelle les élégances des premiers livres de cette histoire, qu'on se rappelle les draperies que j'ai tendues au-dessus de la tête de mes personnages et les tapis que j'ai cloués sous leurs pieds; et, si faire se peut, que le lecteur me pardonne de le conduire où je vais le conduire, dans l'égout Saint-Michel. N'est-ce pas dans un égout aussi que le XVIIIe siècle est tombé sur la fin de ses jours?

Paris, semblable à un théâtre, possède son premier dessous, son deuxième dessous et même son troisième dessous. Paris a ses trappes et ses chausse-trappes. Trois grandes administrations, celle du gaz, celle des fontaines et celle des égouts travaillent incessamment ses flancs lignuodes. Nous ne parlons pas des Catacombes.

Je me promenais l'autre jour dans la ville de Batignolles-Monceaux, et, au coin de la rue des Dames, je vis sortir d'un trou d'égout, pendant une demi-heure environ, cent cinquante personnes. C'était étrange. Ces cent cinquante personnes allèrent déjeuner chez le père Lathuile, cette célébrité qui se classe immédiatement au-dessous de Desnoyers, à la Courtille. Ils étaient tous égoutiers, et c'était leur réunion annuelle qu'ils fètaient au printemps. Je regrettai de n'être rien qu'homme de lettres, et de n'avoir pas le droit d'assister à cette fête.

Le duc de Noyal-Treffléan conduisit Émile jusqu'à la place Saint-Michel, où s'élève une fontaine insignifiante à laquelle on boit, mais que l'on ne regarde jamais. Un marchand de vin est à côté. Par la cave de ce marchand de vin, à la Treille-d'Or, le duc et Émile, munis de deux torches, s'engagèrent avec précaution. Ils descendirent une trentaine de marches et se trouvèrent dans une galerie fuligineuse qui suait de tristesse, de chaleur et de vieillesse. On y voyait les anciens murs des fortifications de Philippe-Auguste. Des limaçons rampaient sur ces ruines respectables et les brodaient d'argent. Le duc en brûla quelques-uns avec sa torche. Ils étaient dans un des plus vieux égouts de Paris, faisant partie de ce que l'on nomme l'égout de ceinture. Il fallait se tenir courbé pour le traverser et marcher en écartant les jambes afin de ne pas se mouiller. De temps en temps le bruit d'une chute d'eau les avertissait de se ranger pour éviter des éclaboussures immondes.

— Nous voilà sous le jardin du Luxembourg, dit le duc de Noyal-Treffléan; courbez la tête... Est-ce que vous n'entendez pas le chant des oiseaux?

— Non, dit Émile.

Ce qu'il entendait bien mieux, et ce qui l'effrayait davantage, c'étaient les voitures qui roulaient au-dessus de sa tête avec un bruit assourdissant.

— Maintenant, dit le duc de Noyal-Treffléan, vous pouvez parler; nous voilà parfaitement tranquilles.

Émile cherchait à s'assurer sur ses pieds.

— Qu'est-ce que vous me voulez? demanda le duc.

On se trouvait alors sous l'abattoir Saint-Germain. Une bande de rats s'élança sur la torche d'Émile et l'éteignit. Il la ralluma à celle de M. de Noyal-Treffléan.

— C'est bien pis, lui dit celui-ci, lorsque nous nous trouvons sous une fabrique d'où se dégagent des acides meurtriers, à Passy, par exemple; les torches s'éteignent et nos ouvriers n'ont pas toujours le temps de regagner les *regards* par où ils sont descendus.

— Les *regards?* demanda Émile.

— Oui; ce sont les trous par où nous descendons dans les égouts, et les *tampons* sont les noms des trappes qui les recouvrent.

— Ah! murmura Émile avec satisfaction; voici que la galerie s'agrandit; je puis avancer sans baisser la tête.

— Oui; mais vous me parliez de ma fille? dit le duc.

— Votre fille veut se marier, dit le jeune homme.

— Attendez!... fit M. de Noyal-Treffléan en étendant le bras.

— Quoi donc!

— N'entendez-vous pas?

— Non.

— Ce bruit?

— En effet, dit Émile prêtant l'oreille.

— C'est l'orage, murmura le duc.

— Vous croyez? dit Émile.

— Oh! il n'aura pas le temps de nous atteindre; marchez vite, nous allons prendre l'embranchement de la rue Soufflot.

Mais, à la rue Soufflot, le duc de Noyal-Treffléan lâcha un blasphème.

Un tuyau de fontaine laissait échapper l'eau dans les galeries de l'égout.

— Retournons, dit le duc.

Ils retournèrent.

Mais, par malheur, ils se trompèrent d'embranchement.

Ils se dirigèrent vers la rue Clovis.

Émile s'arrêta, portant la main à son cœur.

— Qu'avez-vous? lui dit le duc.

— Cette odeur me suffoque.

— Bah!

— Je voudrais sortir.

— Impossible! répondit le grand seigneur; nous sommes sous la montagne Sainte-Geneviève; attendons que l'orage soit passé.

— Non, balbutia Émile; je vais me trouvez mal.

— Bien vrai?

— Oui.

— Alors, passez votre torche à travers l'ouverture du *regard*; elle sera aperçue des passants.

Mais Émile, défaillant, se laissa tomber sur les pierres.

— J'ai eu tort de l'amener ici, pensa le duc de Noyal-Treffléan; ses poumons ne sont pas assez forts.

La pluie d'orage montait.

Le duc ne s'en inquiétait pas. Il se savait sur un des plus hauts points de Paris.

Il attendit qu'Émile reprît ses sens.

Quand il le vit revenir à lui, il l'aida à se remettre sur jambes.

— Où diable sommes-nous, se demanda-t-il, et de quel côté prendre ?

Les égouts sont des labyrinthes pour les égoutiers eux-mêmes. Il faut une grande lucidité d'esprit et de nombreuses précautions pour s'y engager : il faut des allumettes, il faut du pain, il faut de la boisson. En cas d'orage, leurs ciseaux leur servent à se cramponner aux pierres des voûtes, et ils s'y suspendent à l'aide de leurs bretelles jusqu'à ce que les eaux se soient retirées. Pareil événement arriva à l'ouvrier Maillard, qui se ressouvenant d'avoir oublié ses outils dans l'égout de la Porte-Saint-Martin, alla les rechercher malgré la pluie, et passa vingt minutes dans cette position suspendue.

L'orage et l'asphyxie sont les deux seuls inconvénients que comportent les égouts. Quant aux rats, disons que l'on en a singulièrement exagéré le nombre en ces derniers temps, et que les nouvellistes souterrains se sont joués tout à fait de la badauderie parisienne en rapportant ces fameuses chasses qui n'ont jamais eu lieu que dans leur imagination. Beaucoup de personnes se sont laissé prendre à l'air véridique de ces compte-rendus, qui donnaient le total des victimes et le prix de chaque tête, sans oublier la teneur d'un soi-disant traité passé entre l'administration et des marchands de gants de Norwége.

Il est des égouts navigables, tel que le grand égout de ceinture. S'embarquant à Passy, on peut voguer en batelet trois ou quatre lieues durant et s'en aller déboucher au quai de la Tournelle par exemple, après avoir passé sous La Villette. Par endroits, l'égout s'agrandit et prend dix ou douze pieds de haut. Quelques-uns ont des trottoirs.

Des hommes passent là-dedans des journées entières et même des nuits. Ils n'en sont pas plus tristes et pas plus malheureux. Ils ont chaud en hiver et frais en été, au rebours de tout le monde. Ce sont d'aimables drilles, ces égoutiers. Ils font des repas joyeux au fond de leur antre, car le gouvernement, dans sa sollicitude, leur a fait construire de charmants cabinets où ils peuvent déjeuner et dîner, quand l'ouvrage les talonne. J'ai vu dans l'égout des Filles-du-Calvaire un de ces cabinets dont la décoration a bien coûté quatre à cinq mille francs. Une table de vingt couverts y tient à l'aise.

Les égouts vivent en assez mauvaise intelligence avec le gaz et les fontaines. Ils ont souvent des mots et des coups de pelle entre eux. Tantôt c'est un tuyau qu'ils cassent par imprudence, ou un robinet qu'ils faussent.

Voici les causes qui avaient déterminé le duc de Noyal-Treffléan à embrasser une profession si bizarre et si repoussante. Jeté à Saint-Lazare, à la suite de l'exécution de François Soleil, il était parvenu à s'évader par l'égout du faubourg Saint-Denis, où l'hospitalité la plus franche lui avait été accordée. Nulle cachette n'offrait plus de sûreté que celle-ci, et il n'était pas supposable que le comité de salut public vînt l'y relancer. Jusqu'au dénoûment de la Terreur, le duc resta donc dans l'égout, payant par son travail l'hospitalité qu'on lui donnait; il se rendit utile tout en faisant son apprentissage, et peu à peu il finit par *mordre au métier*, comme on dit. Aussi, après le 9 thermidor, continua-t-il tranquillément à curer les égouts de la capitale, comme s'il n'avait jamais fait autre chose de sa vie. Que pouvait-il faire, en effet? il était plus ruiné que Job; la Révolution avait supprimé tous ses amis; Soleil n'était plus auprès de lui pour lui créer des plaisirs. Et d'ailleurs, il avait tant vécu sur Paris qu'il pouvait bien vivre dessous pendant quelques années. Un duc-égoutier! cela avait quelque chose qui le séduisait et flattait son imagination, car c'était bien lui qui avait eu cette idée, lui seul cette fois!

Ce fut ce qu'il raconta à Émile, tout en cherchant à retrouver son chemin. L'orage avait épaissi les ténèbres autour d'eux, et souvent le duc interrompait son récit pour interroger les embranchements qui s'offraient, béants et noirs. Émile marchait derrière lui d'un pas mal assuré à travers ces dédales immondes, tandis que son esprit se reportait vers les délicieuses campagnes qu'il avait quittées. Il frémissait en appuyant ses mains à ces murs mouillés qui avaient si peu d'analogie avec l'écorce des hêtres, en trébuchant sur ces pavés gras et en les comparant aux monticules gazonnés de Meudon.

Le duc de Noyal-Treffléan était inquiet; après encore une demi-heure de va et vient, il murmura :

— Nous aurons plus vite fait de sortir par le premier *regard* venu ; autrement, nous risquerions d'aller jusqu'à Arcueil.

— Mais, comment sortir? demanda Émile; vous avez laissé votre échelle dans la boutique du marchand de vins.

— Vous allez voir, répliqua le duc; prenez ma pelle... maintenant, montez sur mes épaules.

Émile hésita.

— Oh! ne craignez pas de me faire du mal, dit le grand seigneur en souriant; je suis encore robuste pour mon âge.

Le jeune homme obéit, et, s'appuyant aux pierres, il se hissa sur M. de Noyal-Treffléan.

Dans cette position, ce dernier lui dit :

— A propos, qu'est-ce que vous me contiez donc tout à l'heure... que ma fille veut se marier?

Émile faillit tomber, tant cette question l'abasourdit, faite en un moment pareil.

Il ne répondit pas, il demanda :

— Que faut-il faire maintenant?

— Levez les yeux. La trappe ronde qui ferme le

regard est juste au-dessus de votre tête. Il faut la soulever à l'aide de la pelle.

Le jeune homme obéit, et engagea le fer de l'instrument entre la pierre et le tampon. D'abord ses efforts furent inutiles; mais, excité par le duc, il s'acharna. La trappe, à demi soulevée, allait l'être tout à fait, lorsque, par un hasard infernal, une voiture arriva, la referma avec un bruit de tonnerre et fit tomber la pelle des mains d'Émile. Peu s'en fallût que lui-même ne fût renversé, mais l'étroitesse des murs le préserva d'une chute qui l'eût fracassé.

Pour sa part, le duc de Noyal-Treffléan s'en tira avec une forte contusion aux reins, produite par le fer de la pelle.

Ils renoncèrent à leur projet, qui présentait trop de danger; et de nouveau ils marchèrent dans le ruisseau fangeux jusqu'à ce qu'ils fussent arrivés enfin à une espèce de carrefour. Là, le duc fit entendre un cri de satisfaction. Il se reconnaissait. Il était entré dans la rue de l'Arbalète, dans le quartier Saint-Marceau.

Ce fut dans un de ces cabinets dont il vient

d'être question, rendez-vous de chasse des égoutiers, que M. de Noyal-Treffléan fit entrer Émile. Il lui indiqua du geste une chaise de bois.

— Nous voilà dans un endroit paisible, dit le duc ; nous ne saurions mieux être pour causer, causons donc.

Cet homme avait conservé dans son infamie tant de noblesse et de simplicité, qu'Émile ne pouvait se défendre encore d'un reste de respect envers lui. Il demeura debout.

— Monsieur le duc, dit-il d'une voix presque solennelle, je viens vous demander la main de votre fille.

Une telle demande, dans un tel lieu, avait je ne sais quoi d'extraordinaire et de grave.

Le duc de Noyal-Treffléan, bien que rompu à toutes les excentricités, fut frappé de celle-ci.

Il regarda fixement le jeune homme, dont la figure restait sereine, et l'attitude irréprochable au point de vue de l'étiquette. Il parut satisfait; pour quelques minutes il put se croire dans un de ses salons d'autrefois. L'égoutier disparut pour rendre sa place au grand seigneur.

— La main de Trois-Mai? répéta-t-il lentement.

Émile s'inclina.

— C'eût été une démarche bien téméraire il y a quelques dix ans, prononça le duc en hochant la tête; mais, aujourd'hui, toutes les classes de la société sont confondues; une égalité funeste règne entre les personnes, et, pour peu que cela continue, Dieu sait où cela nous mènera! Hélas!

En achevant ces paroles, si étranges dans sa bouche, il fouetta du bout de ses doigts les dentelles absentes d'un jabot imaginaire.

Émile l'écoutait et le regardait avec surprise.

— La démocratie nous a perdus, reprit le duc en soupirant; elle a chassé toute élégance et toute délicatesse; oui, palsembleu! votre Paris est devenu inhabitable, du moins dessus. On y est exposé à se faire marcher sur le pied par un tas de gens sans aveu et sans titre. Plus rien de grand, ni même de joli. L'absurde remplaçant tout! L'anarchie du haut en bas! Et pour quelqu'un qui, comme moi, a les nerfs très-sensibles, avouez que je ne pouvais me commettre dans une semblable pétaudière!

M. le duc de Noyal-Treffléan, emporté par un suprême mouvement de dédain aristocratique, épouvanta un rat, qui partit d'entre ses jambes et se sauva éperdu.

— Gardons toujours les saines traditions du bon goût, continua-t-il; opposons-nous au torrent dévastateur des barbares. La France doit éternellement rester l'asile des grâces, de l'esprit et de la coquetterie. Tant qu'il y aura en nous un souffle de vie, ne souffrons pas qu'elle devienne la proie des faux dieux. Soyons Athéniens. Chantons Aspasie et versons à boire aux philosophes; car le monde est fait pour périr par la philosophie. — Monsieur, je vous accorde la main de ma fille.

Ayant dit, le duc se leva, majestueux comme si le cordon rouge eût encore sillonné sa poitrine.

C'était bien évidemment la première fois que de pareilles phrases retentissaient dans un égout, et que la rhétorique faisait invasion sous les pavés du quartier Mouffetard. Aussi ne chercherai-je pas à expliquer l'effet hallucinant de ce discours sur Émile. Il cherchait à concilier cette méprisante sortie contre les mœurs républicaines avec ce métier dégradant et horrible. Il crut que l'âge et les plaisirs avaient affaibli cette tête, encore si vigoureuse d'aspect.

On eût dit que le duc lisait dans la pensée d'Émile, car il ajouta :

— Vous êtes surpris de la facilité avec laquelle je couronne en ce jour votre plus chère espérance? Il est vrai que c'est le plus grand sacrifice que je puisse faire aux idées modernes. Vous n'avez pas de nom à donner à ma fille. Condé et Montmorency s'en irriteront peut-être; mais je sais que vous l'aimerez de tout votre cœur et que par vous elle sera heureuse. Cela me suffit, car je m'intéresse à cette petite. Par malheur, je n'ai, comme vous le voyez, ni le temps ni les moyens de m'occuper moi-même de son bonheur. D'ailleurs, jusqu'à présent, mes efforts pour arriver à ce but ont médiocrement réussi. Je préfère donc vous laisser ce soin. Aimez-la deux fois, pour vous d'abord et pour moi ensuite. Adieu.

Le duc de Noyal-Treffléan était attendri en prononçant ces derniers mots.

Il saisit sa chandelle qu'il avait laissée sur une pierre, et il dit à Émile :

— Suivez-moi.

Alors, après une marche silencieuse d'un quart

d'heure, il arriva à la fontaine de la rue Clovis, dont il ouvrit la porte à l'aide du passe-partout que chaque égoutier porte sur soi.

Émile gravit les marches.

Lorsqu'il mit le pied sur la dernière :

— A quand la noce? demanda le duc, avec une hésitation cachée derrière un sourire.

Le jeune homme s'arrêta:

— Trouvez-vous dans l'église de Meudon le premier dimanche de septembre, lui dit-il.

Le duc de Noyal-Treffléan lui fit un dernier salut de la main et rentra dans son égout...

IV

Le premier dimanche de septembre, l'avenue de l'église de Meudon était jonchée de fleurs et d'herbes odoriférantes. De beaux jupons rouges passaient entre les arbres, et des sons de cornemuse arrivaient à l'oreille. Le temps était ce qu'il doit être pour un jour de dimanche et pour un jour de noces, c'est-à-dire que le soleil avait ajouté quelques rayons de plus à sa face bouffie, et qu'une légère pluie, le matin, avait essuyé les buissons poudreux. La nature était donc parfaitement en mesure de figurer à la cérémonie qui allait avoir lieu. Elle avait ramené les plis de ses prairies comme une camériste ramène les plis de son tablier; elle tenait ses peupliers droits et ses saules en dehors; enfin, elle était sous les armes.

Les cloches sonnaient à toute volée, mises en branle par un sacristain satisfait de lui-même et du vin blanc du coin. Ces cloches célébraient la joie et le bon Dieu; elles se balançaient comme en dansant, et elles faisaient ce joli tapage qui est si agréable à entendre lorsqu'on se fait la barbe devant le miroir de sa fenêtre. *Din, don, din, don, din.*

L'église de Meudon était une de ces naïves petites églises de campagne qui sont aux cathédrales ce que les bonnes femmes sont aux grandes dames. Elle portait son clocher comme une bonne femme porte son bonnet. Un architecte ne lui avait pas pris mesure de robe brodée, chamarrée de hiboux et de dégueuleux fantasques. Elle mettait son orgueil dans la blancheur de son plâtre, dans le bois verni de sa grande porte et dans sa croix de cuivre étincelante. C'était une heureuse église de première communion, qui semblait attendre une kyrielle de petits jeunes gens en habit noir et les mains jointes, et une théorie de demoiselles de douze ans avec des robes de gaze et des souliers de satin.

Mais ce que l'église de Meudon attendait ce jour-là, c'était une noce. Le village le savait et s'était mis en l'air à cette occasion; car Trois-Mai était en odeur de sainteté dans le pays, et tout le monde faisait des vœux pour son bonheur. Fermiers et fermières avaient donc revêtu leurs habits les plus éclatants, leurs souliers à boucles, leurs chapeaux à rubans; ils avaient étalé leurs montres où pendaient des breloques sonnantes, et ils faisaient le moulinet avec leur grosse canne le long des chemins. Les marchands s'étaient, eux aussi, donné rendez-vous sur la place de l'église.

Les époux arrivèrent entre une heure et deux heures de l'après-midi, après messes et avant vêpres. Ils étaient accompagnés de la marquise de Perverie et de quelques voisins. C'était un cortége modeste, tranquillement heureux. La jeune fille s'appuyait doucement sur le bras d'Émile, les yeux rasant la terre et l'âme recueillie; la branche d'oranger consacrée ornait son front limpide, et de longs voiles blancs partis de sa tête allaient aboutir à ses pieds.

Elle se taisait, de même qu'Émile, qui n'osait la

regarder, mais qui regardait l'église. Il était vêtu avec simplicité, sa bonne mine suppléant à la richesse et à l'élégance qui lui manquaient. Pour lui, ce jour dont on s'est tant moqué était réellement le plus beau jour de sa vie, et on le voyait bien sur sa figure radieuse.

La marquise de Perverie, qui plaçait sa joie dans la leur, avait fait trêve à sa mélancolie habituelle; et son regard, qui ne les quittait pas d'un seul instant, exprimait une sensibilité satisfaite qui effaçait bien des années de souffrance.

Celui qui était beau, qui rayonnait, qui chatoyait, celui qui avait à sa boutonnière tous les bouquets de la noce, celui qui contemplait les paysans de cet air triomphal qui veut dire : Hein?... Celui qui faisait l'empressé et soufflait de tous ses poumons, c'était le majordome Turpin, c'était le précepteur philosophique d'Émile. Il remplissait à lui seul toute l'avenue de l'église par ses écarts de poitrine et par la largeur de ses enjambées. Les petits enfants et les villageoises innocentes le prenaient pour le mari.

La noce fit son entrée dans l'église, qui était

pleine aux trois quarts; et, précédée du suisse qui avait tiré du grenier un vieux chapeau galonné et qui faisait résonner sa pique sur chaque dalle, elle alla se ranger devant l'autel, paré comme les autels de campagne et doré à outrance. Au-dessus du tabernacle, une vierge couronnée de roses étalait la splendeur de sa robe d'or, large comme une robe à paniers et ronde comme un cercle à barrique. Elle tenait entre ses bras l'enfant divin, qu'on avait affublé d'une tunique d'azur, et dans les mains duquel on avait placé un laurier vert. A droite et à gauche, se dressaient des cierges plus jaunes que des vieilles filles et reposant dans des chandeliers d'argent. Au-dessous, une rangée de fleurs véritables, dues chaque semaine à la dévotion des fidèles. Puis, la sainte nappe, éblouissante et brodée, table frugale où les plus célestes délices sont offertes sous la plus humaine des allégories.

Les deux jeunes gens allèrent s'agenouiller devant l'autel. Le curé qui bénit leur union était un vieillard à cheveux blancs, dont un bon sourire animait la physionomie. Il leur fit un de ces petits sermons qu'on aime à se rappeler plus tard, et où il leur vanta les charmes d'une vie reposée et cachée. Ensuite, Émile et Trois-Mai traversèrent l'église pour se rendre à la sacristie.

Une table ronde était au milieu. Quelques tableaux de piété décoraient les murailles, imprégnées d'une suave odeur d'encens. Deux enfants de chœur, en barrette rouge et en petits bas rouges, les avaient suivis; ils furent presque immédiatement rejoints par le curé de Meudon.

Émile et Trois-Mai, debout l'un et l'autre, écoutaient leur cœur palpiter.

C'était là que les attendait l'événement le plus important de leur vie.

Car au milieu du bonheur qui remplissait leur âme, disons-le, il se glissait néanmoins un regret et un désir. L'un et l'autre étaient sans famille, ou à peu près; ils se mariaient comme des enfants perdus, sous l'œil de Dieu seulement; leur bonheur n'ayant à se déverser ni sur un père ni sur une mère, il fallait qu'ils le renfermassent en eux comme des égoïstes. C'était ce qui faisait leur peine, peine non avouée, mais ressentie mutuellement.

Avant la signature le curé demanda, comme cela se pratique, les noms des deux époux.

La jeune fille murmura :

— Trois-Mai...

La dernière syllabe de ce nom expirait à peine sur ses lèvres, qu'une voix retentissante s'éleva derrière elle, et prononça :

— Trois-Mai de Noyal-Treffléan !

Tout le monde se retourna, et l'on aperçut le duc vêtu avec dignité.

Il ouvrit les bras à sa fille, qui s'y jeta en pleurant de bonheur.

Alors on eut cet étrange spectacle du duc de Noyal-Treffléan ému jusqu'au silence et jusqu'au frémissement.

La marquise de Perverie en sentit fondre presque sa haine, et ses regards purent se lever sur cet homme si grandiosement coupable.

Tous les spectateurs étaient attendris.

Il n'y en avait qu'un, un seul, dont le visage était demeuré triste et dont l'âme était demeurée sombre; un seul qui ne partageât pas l'allégresse générale. On a deviné que c'était Émile. Il regardait ce tableau d'un œil humecté de larmes amères, car il trouvait Trois-Mai bien heureuse et il l'enviait autant que l'on peut envier quelqu'un que l'on aime. Cette impression fut si vive qu'il fut obligé de s'appuyer à la table pour ne pas chanceler.

Personne ne s'en aperçut; on l'avait oublié tout à fait.

Le premier moment donné à l'effusion filiale, la cérémonie reprit son cours, au milieu de l'attention distraite.

— Votre nom? demanda le curé à Émile.

Il n'entendit pas d'abord, et le curé fut obligé de répéter sa question. Alors seulement Trois-Mai s'aperçut de la pâleur de son fiancé, et elle courut à lui en lui tendant la main.

— Émile, répondit-il bien bas.

— Père et mère?...

Le curé allait ajouter : *inconnus;* mais une voix s'éleva derrière Émile, comme une voix s'était élevée tout à l'heure derrière Trois-Mai, et prononça :

— Jean-Jacques Rousseau et Thérèse Levasseur!

Un cri partit de la poitrine du jeune homme.

Il vit une vieille femme appuyée sur le bras d'un

vieillard aussi âgé qu'elle, mais de haute taille et maigre à faire l'ornement d'un cabinet de dissection. A sa perruque un peu de travers, à son sourire effaré et à sa haute canne, Émile ne put méconnaître le bienfaiteur de son enfance, le docteur Champdoiseau.

Mais cette femme? cette femme?

Le bon docteur lut dans les regards d'Émile, car il lui dit ce seul mot :

— Ta mère!

Cette fois, l'émotion des assistants atteignit un degré imposant de solennité ; et un silence plein de respect se fit autour de ces deux reconnaissances.

Émile n'avait plus sa tête à lui, et, les yeux hagards, les traits bouleversés, il balbutiait :

— Fils de Jean-Jacques Rousseau... moi... cela se peut-il? Répétez-le moi bien, ma mère! ma mère! ma mère!

La vieille Thérèse Levasseur le regardait avec tendresse et promenait sur lui ses mains tremblantes. Elle lui écarta les cheveux, et, posant le doigt à l'endroit de cette cicatrice singulière qui formait sur son front un accent circonflexe :

— La blessure... dit-elle, voilà la blessure!... Oui, tu es bien mon fils, tu es bien le fils de Rousseau, le dernier et le plus pleuré. Voilà bien le visage de ton père, cet air d'inquiétude et de grandeur. Oui, tu es Rousseau, tu es mon fils!

Thérèse se tourna vers le docteur :

— Examinez-le donc, docteur Champdoiseau; est-ce que cet enfant ne porte pas son extrait de baptême dans les yeux? Il demande s'il est bien le fils de Rousseau. Mais il n'a donc jamais vu le portrait de mon mari? Tiens, regarde, enfant.

Elle fouilla dans la poche de sa robe, et en tira une miniature qu'elle lui présenta.

Le jeune homme examina en silence ce médaillon, qui avait été fait dans l'âge mûr de l'auteur de la *Nouvelle-Héloïse*; et, tout en l'examinant, sa figure prenait une expression grave et tendre. Au milieu du silence qui l'environnait, il posa lentement ses lèvres sur la peinture, et dit :

— O mon père! vous qui dans votre vie n'avez voulu ni de mon amour ni de mon respect, en voudrez-vous au moins après votre mort? Souffrez que le culte pieux d'un fils descende dans votre tombeau et que je m'agenouille auprès de votre mémoire illustre. Je n'importunerai pas vos cendres de mes regrets, je n'élèverai pas vers vous un reproche. Vous avez fait votre volonté, mon père; votre volonté soit bénie! Ce n'est pas à moi, chétif, de chercher à sonder les mystères de votre intelligence. Peut-être, le détachement de toutes les tendresses, comme le détachement de tous les biens, est-il une nécessité, une condition même du génie. Si mon abandon vous a fait faire un pas de plus vers la lumière, je remercie le ciel de mon abandon. J'ai bien souffert, c'est vrai, mais si mes souffrances ont été utiles et nécessaires, je les offre à Dieu qui voit votre gloire et qui voit mon obscurité. N'est-ce pas déjà beaucoup pour moi de savoir que je vous dois le jour, et que c'est votre sang qui coule dans mes veines? Quel autre patrimoine pouvais-je ambitionner, plus noble, plus magnifique et plus grand que celui-là? Fils de Rousseau! Je peux marcher la tête triste, mais haute dans tous les cas. N'attendez donc de moi, mon père, ni plaintes ni récriminations; au contraire : je mêlerai ma faible voix aux voix de toutes les mères qui vous bénissent, de tous les enfants qui célèbrent vos louanges. Car vous êtes grand, mon père, et vous fûtes bon. Et dans votre existence toute consacrée au triomphe des idées justes et saines, vous n'avez pas oublié entièrement vos enfants, puisque vous les compreniez dans le bonheur universel que votre pensée rêvait pour l'humanité!

Émile imprima une seconde fois ses lèvres sur le portrait de Jean-Jacques Rousseau, et ensuite il le rendit à sa mère.

Ces paroles prononcées d'un accent ému et vibrant avaient fait couler des larmes de tous les yeux. Chacun admirait ce noble jeune homme pardonnant à son père dénaturé, et cherchant une sublime excuse à une inexcusable infamie. Dans ce moment-là, en effet, Émile était beau, il était grand, il était chrétien!

Nous ne nous appesantirons pas davantage sur les détails de cette scène. La cérémonie s'acheva enfin, et les deux jeunes époux purent signer avec orgueil, l'un *Émile Rousseau*, l'autre *Trois-Mai de Noyal-Treffléan*, en attendant la prochaine légitimation de leur naissance.

Il était trois heures lorsqu'ils sortirent de l'église de Meudon par la porte de la sacristie. Néanmoins ils ne purent se dérober à l'empressement des villageois, parmi lesquels s'était répandue la nouvelle de ces événements presque miraculeux. Les chapeaux furent agités, le tambour battit aux champs, et les cris de *Vive la mariée! Vive le marié!* retentirent mille fois dans les airs, mêlés aux détonations des boîtes d'artifice.

Tout en marchant, Thérèse expliqua à Émile comment, depuis 1789, elle ne l'avait presque jamais perdu complétement de vue. C'était d'elle qu'il tenait ce papier et ces cinquante écus que lui avait remis son hôtelier le lendemain de la prise de la Bastille. Si elle ne s'était pas fait connaître plus tôt à lui, c'est que la pauvre femme avait encore peur de l'ombre de Jean-Jacques ; et puis, lorsque l'on n'a pas bercé l'enfance de son fils, on redoute de se présenter à ses regards, on se demande quel droit on a de venir lui demander son amour ; la honte empêche les mouvements du cœur. C'est ce qui était arrivé pour Thérèse Levasseur ; elle s'était contentée de veiller de loin sur son enfant, sans oser venir lui dire : Je suis ta mère! dans la crainte qu'il ne lui répondît : Je ne vous crois pas!

Il fallut la nouvelle du mariage d'Émile pour qu'elle se décidât à le reconnaître. Sur ces entrefaites, Thérèse avait fait la rencontre de son ancien accoucheur, du docteur Champdoiseau. Il connaissait Émile, lui aussi, car il avait surpris Jean-Jacques consommant son odieux abandon sur la place du Parvis-Notre-Dame, et il avait servi de père à l'enfant jusqu'à sa sortie de l'hospice. Son témoignage était donc irrécusable ; et grâce à lui, grâce à Thérèse, notre héros allait enfin retrouver une famille.

Il regardait sa mère plutôt qu'il ne l'écoutait. Elle était bien vieille, la Thérèse ; elle marchait courbée et tremblante. Toute lueur s'était éteinte dans son œil gris. Bien qu'elle jouît de quatre pensions sur le gouvernement, elle était habillée avec une simplicité qui ressemblait trop à l'indigence pour qu'on ne s'y méprît point. Et cependant, à l'occasion du mariage de son fils, Thérèse avait cru faire merveille en tirant de ses coffres une robe du temps de sa jeunesse, robe qui avait été rose, puis jaune, puis blanche, et qui n'était d'aucune couleur maintenant.

Le docteur Champdoiseau compléta tous les détails que Thérèse avait donnés à Émile sur sa naissance; Émile sut tout, et même l'origine de la cicatrice qu'il portait au front.

Le repas de noce eut lieu sous une treille, au bord de la Seine.

Trois-Mai à côté du duc de Noyal-Treffléan, Émile à côté de Thérèse, la marquise de Perverie entre le docteur Champdoiseau et deux ou trois invités, gentilshommes campagnards, tel était le coup d'œil de la table. Turpin n'avait voulu céder à aucun l'honneur de servir.

Un temps magnifique se prêta à la circonstance ; la chaleur était tempérée par les brises venues de la rivière.

Le repas fut d'abord grave et silencieux. Trop d'agitations s'étaient succédé en peu d'instants dans les esprits. Mais, au bout d'une demi-heure, la glace rompit, et la conversation s'élança, enjouée et rebondissante, comme la balle d'un jeu de paume. Le duc de Noyal-Treffléan en prit sa bonne part et devint peu à peu jovial comme un menuisier qui a quitté sa veste. Il se contint assez cependant pour ne pas chanter au dessert.

Mais, du coin de l'œil il regardait Thérèse Levasseur, qui s'animait de son côté, et qui souriait, et qui remuait la tête, et qui trempait souvent dans son verre ses lèvres flétries. On sait quel était le vice dominant de la femme de Rousseau, et mon prologue l'a montrée cachant des bouteilles de liqueur sous son oreiller. Jusqu'à la fin de ses jours, elle conserva ce goût fatal.

C'est pourquoi le duc de Noyal-Treffléan la regardait avec ce malin contentement du démon qui trouve une âme damnée là où il ne comptait trouver que des âmes saintes.

Il est vrai que lui aussi, Émile, avait l'œil sur sa mère. Il s'affligeait secrètement et cherchait un moyen pour l'empêcher de boire. Il crut l'avoir trouvé. Au moment où Thérèse avançait la main pour saisir une bouteille qui était à sa portée, Émile porta mélancoliquement le doigt à son front, en montrant la cicatrice.

A ce signe qui lui rappelait un épisode honteux, Thérèse abandonna la bouteille...

Cette scène rapide, — réprimande touchante d'un fils à sa mère, — n'avait été vue de personne.

Une autre version générale et malheureusement trop répandue, est que la veuve de Jean-Jacques a convolé à de secondes noces avec un valet de chambre ou un palefrenier de M. de Girardin. Rien ne prouve cependant qu'elle ait épousé ce valet de chambre; au contraire, Thérèse et lui étaient déjà très-âgés lorsqu'ils firent connaissance. Une lettre du maire du Plessis-Belleville, où Thérèse Levasseur est décédée, affirme positivement qu'elle ne s'est jamais remariée. La mémoire de cette femme n'est déjà pas tellement entourée d'estime, qu'il faille encore l'accuser d'une faute pour le moins douteuse.

Ne voyant plus Thérèse en état de lui tenir tête, le duc de Noyal-Treffléan essaya de se rejeter sur le bonhomme Champdoiseau. Mais, comme tous les vieux savants, le docteur avait des idées arrêtées sur l'hygiène, et il repoussa constamment les rasades offertes par le duc, qui regretta de n'avoir pas

16.

amené un égoutier de ses camarades, afin de pouvoir boire avec lui tout à son aise.

Cela jeta un nuage sur sa satisfaction.

Aussi, quand le festin fut terminé et quand il se retrouva seul avec les jeunes mariés, il leur dit :

— Adieu, mes enfants... à présent que vous voilà heureux, je vous quitte...

Émile et Trois-Mai voulurent se récrier.

— Non, reprit le duc en souriant, c'est inutile; il ne faut pas que je reste plus longtemps. Vous me gâteriez et je finirais peut-être par devenir vertueux. Laissez-moi donc partir.

La nuit n'était pas tout à fait venue; il régnait dans l'air une fraîcheur et une suavité sans pareilles.

Ces trois personnes marchaient dans une allée touffue.

Trois-Mai et Émile, livrés à leurs réflexions, baissaient la tête.

On entendait le bruit des violons qui s'accordaient là-bas pour la danse.

— Vivez longtemps, dit le duc de Noyal-Treffléan ; aimez-vous bien. Moi, je suis ma destinée... je retourne à Paris.

— Mon père ! s'écria Trois-Mai en pleurant.

— Oh ! sois tranquille, continua le duc, je viendrai vous voir... quelquefois... Ce n'est pas un adieu éternel que je vous dis. Mais je ne veux pas troubler votre bonheur par ma présence. Vous m'avez fait passer une journée dont j'emporte le souvenir. Adieu, mes enfants. Pensez à moi de loin en loin. Adieu.

Les arbres, agités par un vent délicieux, secouaient leurs branches embaumées sur leurs têtes.

Neuf heures sonnaient à l'église de Meudon.

Le duc de Noyal-Treffléan se détacha des bras de Trois-Mai, qui cherchait doucement à le retenir, et l'embrassant au front :

— Adieu, dit-il encore.

Il gagna la campagne ; et, pendant cinq minutes, Émile et Trois-Mai purent le suivre des yeux.

ÉPILOGUE

C'était en 1816. — L'Europe commençait à se remettre de ses secousses ; Paris et la France, agités si longtemps par les turbulences gigantesques de l'empereur, essayaient de se rendormir du sommeil des Bourbons. On s'amusait paisiblement au jeu de *vive le roi, vive notre père,* et l'on fêtait la Saint-Louis dans les théâtres et dans les promenades publiques.

Par un beau matin de cette année-là, une vingtaine de badauds rassemblés sur la place du Musée, à quelques pas du Louvre, paraissaient prendre un intérêt fort grand aux lazzis d'un paillasse. On sait que la place du Musée fut longtemps le refuge et l'école des saltimbanques. Du cabaret de Besacier, faisant le coin de l'ancienne rue Froidmanteau, se sont élancés les plus célèbres joueurs de gobelets, physiciens, tireurs de cartes, nécromans et vendeurs d'élixir.

Des paradistes immortels ont commencé et fini sur la place du Musée, tel que M. Charles, le dernier Bobèche de Tivoli.

Le paillasse qui avait ce jour-là le privilége d'exciter le rire des assistants, était un de ces jeunes garçons dont une précocité vicieuse a depuis longtemps effacé l'âge sur les traits. Il louchait avec fureur et était plus ravagé de petite vérole qu'une écumoire. Son costume se composait de la veste rouge, de la culotte jaune et des bas à pois.

Voici le dialogue qu'il était en train de débiter avec son *maître*, un vieux diseur de bonne aventure, magnifique de sérieux et drapé dans un carrick à sept collets :

— Monsieur, je viens vous demander mon congé.

— Pourquoi donc cela, mon garçon. Est-ce que tu n'es pas content de moi ?

— Oh ! si fait, notre maître, vous êtes tout ce qu'il y a de plus brave dans les ganaches.

— Comment, malhonnête, c'est comme cela que tu me parles ?

— Ne vous fâchez pas, notre maître, j'ai cru vous faire un compliment.

— Il est joli le compliment. Mais, voyons, est-ce la table que tu ne trouves pas assez somptueuse?

— La table? c'est un beau morceau ! tout plein cœur de chêne; c'est dommage qu'il n'y ait rien dessus.

— Ah ! coquin ! tu fais l'impertinent, je crois. Je vais te châtier de la bonne manière.

— Tant il y a, monsieur, que je vous quitte.

— Décidément?

— Oui, monsieur.

— Et que vas-tu faire ?

— Monsieur, c'est que je vas me marier en mariage, tout comme je vous le dis.

— Ah ! comment s'appelle ta future?

— Ma friture ?

— Ta future, celle que tu vas prendre pour femme.

— Monsieur, elle s'appelle Margot, sauf votre respect.

— Margot, dis-tu? c'est un fort beau nom. Et ta future appartient-elle à une famille honnête?

— Certainement; ses parents ne disent de sottise à personne.

— Imbécile! ce n'est pas là ce que je te demande. Sont-ce des gens comme il faut?

— Il n'y a ni bossus ni tortus dans sa famille.

— Tu ne m'entends pas. Sont-ce des gens, là... je ne sais comment t'expliquer cela... des gens en dignité.

— Ah! oui, oui. Son père occupe une position extrêmement élevée.

— Bon!

— Il est couvreur.

Et la foule de rire en se tenant les côtes.

Le *maître* haussait les épaules et prenait du tabac avec lenteur.

Quand cette petite scène en forme de prologue fut terminée, le maître passa à d'autres exercices, et distribua plusieurs cartes à cinq ou six personnes de l'assemblée.

— Valet de trèfle? demanda-t-il.

Le valet de trèfle s'avança d'un air timide. C'était

un jeune militaire, béat et rose. Le vieux diseur de bonne aventure, après l'avoir regardé d'un œil perçant, marmotta à son oreille les paroles suivantes, tout en maniant le jeu de cartes :

— Contrariétés suivies d'un grand bonheur, qui vous viendra d'un homme brun qui veille sur vous depuis longtemps... Dix de carreau, c'est une grande route; vous voyagerez... Dame de cœur : une femme blonde que vous aimez et dont vous allez bientôt avoir des nouvelles... Méfiez-vous... voici une assemblée d'hommes... elle aura lieu le soir... Quelqu'un prend chaudement vos intérêts... Argent... encore argent... Coupez de la main gauche. Bien! Le valet de trèfle a les jambes en l'air : c'est mauvais signe... Une affaire qui vous préoccupe est sur le point de mal tourner. Encore une nouvelle... Quel âge avez-vous?

— Vingt-trois ans, dit le jeune guerrier tout palpitant d'émotion.

— Dans trois jours votre sort changera. As de pique et neuf de trèfle... Coupez encore de la main gauche... Grand bonheur. Vous vous marierez plus tôt que vous ne pensez... Quel est le quantième aujourd'hui? le 6 novembre. Souvenez-vous que c'est un homme de quatre-vingt-onze ans qui vous parle. Voilà... Remettez votre schako maintenant. C'est deux sous.

— Encore? murmura le militaire, je vous en a donné deux avant de commencer.

— Donnez toujours, enfant de Mars.

L'enfant de Mars s'exécuta et tira de sa poche, avec des efforts inouïs, une seconde pièce de deux sous enveloppée dans du papier.

Le vieux bonhomme examina de nouveau son jeu et appela le roi de carreau, puis la dame de pique. Plusieurs innocents se succédèrent de la sorte, et au bout d'une demi-heure la recette s'était élevée à vingt-quatre sous. Alors il ferma sa table pliante, la mit sous son bras, et entra chez le marchand de vins.

Ce tireur de cartes était le duc de Noyal-Treffléan.

FIN

TABLE

LA FIN DE L'ORGIE 1
QUATRIÈME PARTIE. 69
CINQUIÈME PARTIE 212
ÉPILOGUE. 276

POISSY. — IMPRIMERIE DE AUG. BOURET.

Imprimerie L. TOINON et Cie, Saint-Germain.

www.ingramcontent.com/pod-product-compliance
Ingram Content Group UK Ltd.
Pitfield, Milton Keynes, MK11 3LW, UK
UKHW031834260826
14628UKWH00001B/374

9 782019 140878